드디어
시리즈

02

드디어 만나는
대만사 수업

드디어 시리즈 **02**

누구나

쉽고 재미있게

이해하는

400년 대만의 역사

우이룽 지음 | 박소정 옮김

드디어 만나는
대만사 수업

추천의 글

세계 반도체 시장을 휩쓸고 있는 TSMC와 세계 AI 시장을 독점하고 있는 엔비디아, 두 회사는 모두 대만에서 출발했다. 전 세계의 중심을 향해 뚜벅뚜벅 걸어가고 있는 대만. 경상도 정도의 크기를 가지고 있으며, 인구도 우리의 반밖에 되지 않는 대만은 과연 어떤 힘으로 세계 중심을 향해 나아갈 수 있었을까? 그들은 어떤 여정을 거쳐 여기까지 왔을까? 우리가 애써 외면하며 고개를 돌리려 했지만, 어느새 우리 정면에 서 있는 대만. 지금까지 나온 대만사 책 중 가장 쉽고, 의미 있는 이 책을 통해 이제 대만을 제대로 바라보자.

_최태성 | 별별한국사 연구소장, 『최소한의 한국사』 저자

한국인에게 대만은 어떤 나라일까? 오래된 경쟁국? 이겼다고 생각했는데 다시 뜨는 나라? 중국의 한 부분? 미·중 경쟁으로 위험에 빠진 접경지대? 그것도 아니면 그냥 TSMC? 수많은 생각 가운데 우리가 놓치고 있는 것이 있다면, 그것은 바로 '대만인의 생각'이다. 대만인은 자신을 어떻게 생각할까? 스스로 중국인이라고 생각할까, 대만인이라고 생각할까? 대만인은 자신의 역사를 어떻게 서술하고 어떤 민족의식을 느낄까?

이 책은 현대 대만인의 속내를 솔직하고 담백하게 서술한다.

더구나 역사 교사인 저자의 생각은 보편적인 한국인이 바라보는 대만과는 전혀 다르다. 저자는 창세신화와 신비스러운 동물에 관한 이야기로 시작해 400여 년이라는 비교적 짧은 시간에 발전한 대만만의 독특한 자부심을 마음껏 보여준다.

근현대 세계의 거센 폭풍을 온몸으로 받아냈다는 점에서 대만과 우리는 비슷하다. 하지만 대만의 역사는 반만년의 유구한 역사를 자랑하는 민족의식으로 똘똘 뭉친 우리와는 전혀 다른 방향으로 자신들의 정체성을 만들어가고 있는 사람들의 이야기라는 점이 흥미롭다. 일단 읽자, 대만을 깊이 이해한다는 것은 우리를 알고 동아시아를 안다는 것이기 때문이다. 참으로 좋은 책이 나왔다.

_심용환 | 심용환역사앤교육연구소 소장, 『1페이지 세계사 365』 저자

반가웠다. 새로운 대만 관련 서적이 나온다는 소식을 듣자마자 나는 바로 서점의 척박한 책꽂이를 떠올렸다. 대만에는 한국 관련 서적이 넘쳐나고, 대만인들은 매일 저녁 한국 뉴스를 접한다. 반면에 한국에는 대만 관련 서적이 많지 않다. 우리는 대만에서 무슨 일이 일어나는지도 잘 모른다. 대만의 맛집이나 관광지를 소개하는 책자는 많지만, 역사나 문화를 알려주는 책은 찾아보기 어렵다.

2016년에 3주간 대만을 일주하면서 테마기행 방송을 촬영했는데, 그 이후로 대만의 매력에 푹 빠져버렸다. 대만인들은 특별하게 친절했고, 유별나게 다정했다. 그때부터 늘 대만인들은 왜

이렇게 타인을 배려할까, 대만 땅은 왜 이렇게 예쁠까 궁금했다. 마침 대만의 한 대학원에서 강의할 기회가 생겼고, 대만을 깊게 들여다보게 되면서 깨달았다. 대만인의 친절과 배려는 힘들고 아픈 역사 속에서 얻은 그들만의 지혜였음을.

이렇듯 과거는 현재를 만들어낸다. 그렇다면 역사를 어떻게 서술하고 가르쳐야 할까? 이 책의 저자는 시종일관 균형을 유지하려는 노력을 보여준다. 저자의 생각을 강요하지 않으면서 최대한 자연스럽게 독자를 대만인의 시점으로 데려간다. 저자는 한족이면서도 한족의 치부, 즉 원주민들로부터 토지를 빼앗은 역사를 서술하는 데 주저함이 없다. 독자의 호기심을 유도하면서도 열린 방식으로 역사를 기록한다. 독자들은 이 책을 통해 대만인들의 지혜를 배울 소중한 기회를 얻을 수 있을 것이다.

_류영하 | 백석대 중국어학전공 교수, 『대만 산책』 저자

단숨에 완독하는 대만사

차이칭화蔡清華
원짜오외국어대학교 교원양성센터 석좌교수, 전 교육부 정무차장

나는 우이룽 선생이 보낸 원고를 먼저 가볍게 훑어보기만 하고 나중에 자세히 읽어볼 생각이었다. 그런데 한번 읽기 시작하니까 손에서 책을 놓기가 힘들었다. 생생한 주제와 저자의 통통 튀는 경쾌한 입담에 완전히 매료되었기 때문이다.

이 책은 전체 내용을 종합해봤을 때, 다른 역사책에서는 보기 드문 몇 가지 특징을 가지고 있었다.

첫째, 저자는 중학교 역사 교사로 매일 학생들과 가깝게 지내면서, 청소년의 문화와 언어를 훤히 꿰뚫고 있다. 그렇기에 남다른 시선으로 역사적 사건을 바라보며, 역사적 인물들이 했던 선택을 분석해 생생한 역사를 가르친다. 이 방법은 흡사 가치명료화 기법(가치문제를 여러 각도에서 성찰하게 함으로써 도덕적 판단 능력을 길러주는 데 효과적인 교수 학습법 — 옮긴이)과 같다. 대만은 40년 전 도덕성 발달 이론이 채택한 가치명료화 기법을 막 도입하기 시작했다. 이는 학생들에게 공융양리(孔融讓梨, 공융이 배를 양보한다는 뜻으로 유교적인 겸손을 가르칠 때 자주 인용된다 — 옮긴이)와 이

십사효(二十四孝, 중국에서 유명한 효자 24명의 이야기를 수집해 편찬한 책—옮긴이) 등 인간 본성에 위배되는 원칙을 강요하는 과거 제식 도덕 교육을 바로잡고, 콜버그의 세 가지 수준과 6단계 도덕성 발달 이론을 학생들의 인지적 학습 단계(미국의 교육심리학 박사인 벤저민 블룸이 구분한 인지적 학습의 6단계[지식-이해-적용-분석-종합-평가]를 가리킨다—옮긴이)와 배합해 점차 아이들이 윤리적으로 성장할 수 있게 하는 교수법이다. 저자는 책에서 이 방법을 훌륭하게 구현해냈다.

둘째, 이 책에서 다루는 각 주제는 대만의 2019년 개정 교육 과정에 맞게 편성되었다. 특히 저자가 수업에서 학생들에게 내준 숙제는 수업 요강에서 요구하는 학습 내용에 완벽히 부합한다. 예를 들면 '역사 자료를 활용해 역사적 사건의 인과관계를 분석하고 설명하시오' '다양한 관점에서 중요한 역사적 사건과 인물이 역사에서 어떤 작용을 했고 어떤 의미를 지니는지 탐구하시오' 같은 것들이다.

셋째, 저자는 몇몇 글에서 실제 수업 과정 중 있었던 감동적인 장면을 묘사하고 있다. 누군가는 역사 수업에서 중국 역대 왕조의 흥망성쇠 과정을 온전하게 설명해줘야 한다는 데 집착하는 반면, 누군가는 창의력을 발휘해 학생들이 역사적 사건이나 인물과 거리를 좁히고 공감하며 역사를 이해할 수 있도록 격려했다. 특히 저자는 계엄 시대 혹은 백색공포 시기의 위정자를 '마피아'로 묘사했다. 이는 영화《반교: 디텐션Detention》에서 비밀 경찰이 직접 모습은 드러내지 않고 소리만 내는 마왕으로 묘사되었던 것과 비슷한 효과를 준다.

마지막으로 저자는 서양 근대사 지식을 결합해 대만의 관련 사건을 소개하면서, 그 사건이 일어난 동시대에 서양이나 다른 나라에서 어떤 역사적 사건들이 일어났는지 비교·대조할 수 있게 해준다.

　　정리하자면 이 책은 대만 역사와 관련한 다른 책에서는 보기 드문 특징이 많으며, 누구나 읽으면 쉽게 이해할 수 있는 대만사 책이다. 저자가 앞으로 대만사 관련 서적을 계속 시리즈로 내주기를 기대해본다.

머리말

이토록 가깝고도 먼

출판사에서 대만의 역사를 한 권으로 써보면 어떻겠느냐고 제안
했을 때 저는 속으로 적잖은 의문을 품었습니다. 대만사를 다룬
전문 서적과 연구서가 이미 넘쳐나고 전문 학자들이나 대가들의
작품이 이미 서가에 꽂혀 독자에게 읽히길 기다리는데, 제게 그
럴 만한 자격이 있나 싶었기 때문입니다. 사학계를 이끌어온 분
들과 어떻게 제가 당당하게 한자리에 설 수 있겠는가 하는 의문
도 들었습니다.

저는 역사 교사이지, 역사학자가 아닙니다. 역사학자는 관심
있는 분야를 세밀하고 전문적으로 연구하지만, 역사 교사는 사람
들에게 역사에 대한 흥미를 불러일으키고 역사를 쉽게 배울 수
있도록 가르치는 일을 합니다.

저는 한 분야를 깊이 파고드는 데는 소질이 없지만, 교양에는
자신이 있습니다. 이런 관점에서 모든 사람이 읽을 수 있는 대만
의 역사를 집필하는 일이라면 한번 도전할 만하겠다는 생각으로
책을 쓰기 시작했습니다. 그런데 가끔은 너무 단순하게 생각하면

안 될 때가 있지요. 영화 《나우 유 씨 미Now You See Me》에 이런 대사가 나옵니다. "가까이 있다고 생각할수록 실제로 눈에 보이는 것은 줄어든다." 저는 글을 쓰면서 제가 발 딛고 있는 대만이 가장 익숙하지만 낯설고, 손에 닿을 것 같지만 닿지 않는 이토록 가깝고도 먼 땅이었다는 것을 새삼 깨닫게 되었습니다.

어떤 소재를 골라 이야기해야 할지 어려울 때가 많았고, 이렇게 설명해도 될까 걱정도 많이 했습니다. 글을 쓸 때마다 괴로움에 몸부림쳤고 회의감이 들었습니다. 조바심에 안절부절못하면서도 계속 앞으로 밀고 나갔는데 그 모습이 대만의 역사와 많이 닮은 것 같습니다. 대만은 복잡한 민족 관계에 갇히기도 하고, 실타래처럼 뒤엉킨 국제사회의 힘겨루기에 빠지기도 했습니다. 그럼에도 좌충우돌하는 일상이 어쩌면 우리를 지금 여기까지 뚜벅뚜벅 걸어오게 했는지도 모르겠습니다.

인구는 약 2,300만 명, 언어는 47종*이나 되는 이 왁자지껄한 땅 대만에서 대체 무엇이 우리를 하나로 뭉치게 하는 것일까 고민했습니다. 그 답은 섬나라 사람들의 넓은 도량과 이해심에 있는 것 아닐까 싶습니다. 부침이 있는 대만의 역사 중에 어떤 것을 써서 독자들에게 보여줘야 할지, 대만의 역사가 낯선 사람들이 읽을 수 있는 글을 어떻게 써야 할지 생각하다 보니 어떤 내용을 담아야 할지 보이기 시작했습니다. 어쨌든 그렇게 큰마음을 먹

---

* 대만 행정원 자료에 따르면, 대만의 국가 언어에는 대만화어(臺灣華語, Taiwanese Mandarin), 대만대어(臺灣台語, Hokkien), 대만객어(臺灣客語, Hakka), 대만수어(臺灣手語), 마조민동어(馬祖閩東語, Mā-cū-huâ) 및 원주민족어 42종 등이 있습니다.

고, 쓰고 싶은 역사를 썼습니다.

옆에서 함께 애쓰고 수고해준 후이전 편집장과 시보출판, 그리고 험난하고 앓는 소리의 연속이었던 과정을 거쳐 새로운 작품을 무사히 완성할 수 있도록 영감을 준 저의 별나지만 사랑스러운 학생들에게 고맙다는 인사를 전합니다.

자, 모두 준비되었으면 이제 수업을 시작하겠습니다.

차례

1부 선사시대부터 반청항쟁기까지
(선사시대~1683)

2부 청나라 통치 시대
(1683~1895)

일러두기

이 책에 사용한 인명, 지명 등은 현재 통용되는 외래어 표기법에 따라 현지 발음에
가깝게 쓰는 것을 원칙으로 삼았으나, 근대 이전의 인물 등 필요한 경우에는 한자음
으로 표기했습니다.

대만의 기초 정보

국명: 중화민국(대만, 타이완)

면적: 35,980km^2

인구: 2,395만 214명(2024년 기준)

수도: 타이베이

언어: 중국어(만다린), 대만어, 객가어 등

종교: 불교, 기독교, 천주교, 도교 등

타오위안
타이베이
신주현
이란현
먀오리현
타이중
장화현
화렌현
난터우현
원린현
펑후현
쟈이현
타이난
가오슝
타이동현
핑둥현
란위섬

1부

선사시대부터
반청항쟁기까지

선사시대~1683

1장

대만이라는 나라는
어떻게 시작되었을까?

대만 원주민의 창세신화

신화는 사실 신들의 이야기가 아니라 인류의 이야기다.
각 민족 신화의 진정한 주제는
신들의 세계 질서와 감정이 아니라 인류 자신이 놓인 처지,
자연 세계, 나아가 미래의 우주 존재다.

—인류학자, 리이위안李亦園

흔히 원주민을 가리켜 '대만의 보물'이라고 말하는데, 이들은 주로 남도어족南島語族에 속합니다. 오스트로네시아어족Austronesian Languages이라고도 불리는 남도어족은 전 세계에서 널리 사용되는 어족 중 하나로 언어 1,300여 종을 포함하며, 이 언어를 사용하는 인구는 4억 명이 넘습니다. 대만에서 시작해 남쪽으로는 뉴질랜드, 서쪽으로는 아프리카 동해안의 마다가스카르섬, 동쪽으로는 남태평양 동부의 칠레령 이스터섬에 이르기까지 남도어족은 세계에서 가장 광활한 지역에 분포한 어족이지요.

학자들의 연구에 따르면, 대만은 남도어족 중에서도 지리적으

로 최북단에 위치한 데다 언어가 복잡하게 분화된 점으로 보아 남도어족이 확산한 출발점일 확률이 높습니다. 대만의 구석기시대는 지금으로부터 대략 5만 년 전에서 5천 년 전까지입니다. 이 시기에 어디선가 '용감한 사람들'이 대만으로 와서 활동을 시작했다는 뜻이지요.

이들은 도대체 어디에서 온 사람들일까요? 신뢰할 수 있는 고고학 자료가 너무 적어서 고고학자에게 답을 얻기는 어렵습니다. 그나마 믿을 만한 인류학 증거를 따라 생각해보면, 현대 원주민의 조상들은 아주 오랜 시간에 걸쳐 대만에 정착했습니다. 대만에서 이미 6~7천 년 정착했을 법한 부족도 있고 1~2천 년 전에야 대만 땅을 밟았을 것으로 추정되는 부족도 있습니다. 당시에는 문자가 없었기 때문에 그들의 생활상과 문화적 함의를 설명해줄 기록도 매우 부족합니다. 이 때문에 원주민은 항상 선사 시대(문자로 기록되기 이전의 역사) 파트에서 소개하고 탐구하는 대상이었지요.

그렇다면 문자가 없는 시대에 살던 사람들을 어떻게 조사할 수 있을까요? 대표적으로 유물과 유적을 조사하는 방법이 있습니다. 모든 접촉은 흔적을 남기고 모든 음식은 몸집을 키우는 법이니까요. 고고학자의 발굴과 분석을 통해 고대 인류의 생활 방식을 재건하고 시대적 특징을 복원할 수 있습니다. 또 한 가지 방법은 세대를 거치며 전해진 전설과 신화를 분석하고 파헤치는 것입니다. 아무리 황당하고 말이 안 되는 이야기라도 당시 사람들이 세상을 해석하고 자연을 관찰한 태도가 그 안에 담겨 있기 마련입니다. 이 때문에 이야기를 통해 그 시대 사람들의 섬세한 지적 활동을 밝혀낼 수 있습니다.

 이 책에서는 유물과 유적은 살펴보지 않습니다. 석기나 도자기, 나라를 지킨다는 기묘한 물건 대신 신화의 세계로 당신을 안내해 상상력 넘치는 이야기 속에 숨어 있는 인간과 세상의 경이로운 첫 만남을 소개할 것입니다.

신화는 과연 믿을 수 있는 이야기일까요?

'신화는 너무 허무맹랑한 이야기잖아요!'라고 생각하나요?

 대만의 원주민 부눙족(브눈족)에게는 돌에서 조상들이 태어났다는 전설이 있습니다. "어느 날 상전산相傳山 정상에 있던 거대한 돌이 갈라지고 그 틈새에서 많은 사람이 튀어나왔다." 부눙족만 '돌의 자녀'인 것이 아니라 타이야족(아타얄족), 타이루거족, 시디그족도 자기 조상이 돌에서 태어났다고 말합니다. 바로 이런 점이 신화의 신빙성을 떨어뜨리기도 하지요.

 또 수많은 원주민 신화에서 공통으로 언급하는 부분이 있습니다. "옛날 옛적에 인간은 쌀 한 톨만 먹어도 배가 불렀다. 고기를 먹고 싶을 때는 숲에 가서 멧돼지, 날다람쥐, 토끼 등 먹고 싶은 동물의 이름을 크게 외쳤다. 그러면 그 동물이 고분고분 다가와서 마음껏 잡아먹을 수 있었다." 먹고 싶은 동물의 이름을 부르기만 하면 배불리 먹을 수 있었다는 이야기라니, 너무 비현실적이지 않은가요?

 사실 신화가 비논리적이고 급진적으로 전개되는 것은 지극히 정상입니다. 허무맹랑하다는 이유로 신화를 고대인의 망상으로 치부할 필요는 전혀 없지요. 지구에 살던 고대 인류는 지금 살고 있는 사람들처럼 과학적 지식이 풍부하지는 않았지만, 호기심이라는 좋은 무기를 가지고 태어났습니다. 그러니 갖가지 곤혹스럽고 두려운 자연 현상을 보면서 이런저런 질문을 떠올렸을 것입니다. '해와 달, 별은 왜 이동할까? 사람은 왜 죽을까? 사람은 죽어서 어디로 갈까?'

호기심은 사고의 시작이며, 의심은 해답을 찾아가는 원동력이라고들 하지요. 상고시대 인류는 자신의 생활 경험에 무한한 상상력을 더해 끊임없이 신화를 창조하며 자연현상을 해석하려고 했습니다. 아무리 황당하고 해괴한 신화라도 그것은 호기심이 풍부한 조상들이 경험했던 일들의 기록이자 해석이며, 자연현상을 관찰하고 설명하려 했던 노력의 결과이지요.

『신화론』의 저자 롤랑 바르트Roland Barthes는 나무로 다음과 같은 예를 들었습니다. "나무는 그저 나무지만, 어느 작가가 묘사한 나무는 의미를 부여받은 나무다." 따라서 신화는 언제나 상징성을 지닙니다.

사실 신화라는 단어 자체를 자세히 살펴보면 그 단어가 어떤 의미를 내포하는지 쉽게 알 수 있습니다. 'myth(수수께끼)'와 'logy(탐구, 학습)'의 합성어인 mythology는 신화 이면에 숨겨진 상징적인 의미를 밝혀내고, 수수께끼를 푸는 탐구의 여정이라고 할 수 있습니다. 비상식적이고 괴이한 이야기 속에서 논리를 찾고, 불분명하고 흐릿한 이야기 속에서 질서를 찾는 일이지요. 카오스(혼돈)가 어떻게 코스모스(우주)로 변하는지를 의식하면서 겉으로 드러난 신화의 특징 속 숨은 의미를 찾아가는 과정은 매우 흥미롭습니다. 그럼 이 점을 염두에 두고 대만의 신화를 더 자세히 살펴보겠습니다.

하늘은 왜 그렇게 높을까요?

"하느님이 '빛이 있으라' 하니 빛이 생겼다." 『성경』 「창세기」에는 하느님이 6일 동안 우주 만물을 창조한 내용이 기록되어 있습니다. 하늘과 땅 사이에 사는 인류 최초의 호기심은 자연히 우리가 사는 세상이 어떻게 생겼는지에 관한 것이었지요.

반고 ✦ 중국 천지창조 신화에서 천지를 개벽했다고 알려져 있다.

중국의 천지창조 신화에서 천지를 개벽한 신은 반고盤古입니다. 알에서 태어난 반고는 머리로 하늘을 받치고 다리로는 땅을 밟고 있었는데, 반고가 자랄수록 하늘과 땅의 거리도 멀어졌다는 이야기가 전해집니다.

그렇다면 대만의 원주민 신화에서는 하늘과 땅의 관계를 어떻게 묘사하고 있을까요? 대표적으로 세 이야기를 살펴봅시다.

다우족: 옛날 옛적에는 하늘과 땅의 거리가 아주 가까웠다. 그런데 어느 날 갑자기 거인이 나타나 손과 발로 하늘과 땅 사이를 억지로 벌렸다. 이때 물고기가 바다에서 튀어나왔고, 하늘에 달라붙어 은하가 되었다.

베이난족: 옛날에 한 임산부가 쌀을 찧고 있었다. 그런데 하늘이 너무 낮은 나머지, 절굿공이를 높이 들 때마다 하늘에 부딪히는 바람에 일하기가 여간 불편한 게 아니었다. 화가 난 임산부는 절굿공이를 들어 힘껏 위쪽을 쳤다. 그러자 하늘이 붕 날아올라 지금처럼 높아졌다.

쩌우족(초우족): 옛날에는 하늘이 산봉우리와 이어질 정도로 너무 낮아서 만물이 살아갈 공간이 심하게 부족했다. 산속 동물들은 한자리에 모여 어떻게 하면 하늘을 높일 수 있을지 의논했다. 이런저런 의견이 오갔지만 딱히 뾰족한 수가 없었다. 그때 '비비쿠라이'라는 새가 말했다. "내가 도와줄게!" 다른 동물들은 앙증맞은 비비쿠라이를 보며 너도나도 비웃었다. "자신을 너무 과대평가하는 거 같은데!" 하지만 비비쿠라이는 가볍게 날갯짓을 하며 몸을 풀더니 위로 날아올라 보란듯이 하늘을 들어 올렸다.

이 세 종족의 신화에 어떤 공통점이 있는지 한번 생각해봅시다. 혹시 이 이야기를 읽으면서 이 종족들이 생활하는 지역과 하늘이 유난히 가깝다는 생각이 들지 않았나요? 보통 우리는 언제 하늘이 가깝다고 느낄까요?

등산을 해봤다면 쉽게 맞추었을 것입니다. 맞습니다. 고지대에서는 해가 엄청 가까이 있는 것처럼 느껴집니다. 햇빛이 유난히 눈부시고, 운무가 자욱할 때면 손만 뻗어도 구름이 손에 닿을 것 같지요. 산에서는 밤하늘의 별도 유독 커 보입니다. 달도 바로 내 머리 위에 있는 것 같고요. 이런 관점에서 추론해보건대 아마도 이 종족들의 조상은 고산 지대에 살았을 것입니다. 그렇기 때문에 하늘이 유난히 가깝다고 느낀 것이지요. 그래서 이런 이야기가 신화에 공통으로 들어가 있는 게 아닐까요?

그럼 이 세 신화에 담긴 독특한 줄거리는 어떻게 해석해야 할까요? 이번에도 설명에 앞서 먼저 상상력을 발휘해 신화가 무엇을 은유하고 있을지 생각해보기를 바랍니다. 잠시 생각하는 시간을 가진 후 함께 살펴봅시다.

다우족의 물고기와 은하

다우족 신화를 보면 "물고기가 바다에서 튀어나와 하늘에 달라붙어 은하가 되었다"라는 이야기가 나옵니다. 다우족의 이야기에서 물고기가 등장한다는 사실은 그리 놀라운 일이 아닙니다. 다우족은 대만에서 유일하게 전통 촌락이 본토에서 남동쪽으로 70킬로미터 정도 멀리 떨어진 란위섬에 분포한 민족입니다. 매년 3월부터 6월까지 쿠로시오해류가 란위섬 해안에 날치를 비롯한 회유성 어류를 대거 데려오기 때문에 란위섬은 날치의 고향이라고 불리지요.

보통 물고기가 바다 위로 튀어 오르는 일은 매우 드물지만, 날치라면 이야기가 다릅니다. 전설에 나오는 이야기는 만새기 같은 포식자에 쫓겨 놀라서 수면 위로 튀어 올랐다가 활강하는 날치의 습성과 딱 맞아떨어집니다. GPS가 없던 시절, 사람들은 바다에서 배를 몰거나 물고기를 잡기 위해 천문 현상을 자세히 관찰하고 별이 이동한 경로를 보면서 방위를 파악했습니다. 이는 바다 민족의 기초적인 생존 기술이었지요. 다우족의 생활 환경을 알고 나니 물고기에서 은하로 발전한 이야기도 어쩐지 그럴듯하게 들리지 않나요?

베이난족의 쌀을 찧는 임산부

오늘날 베이난족은 중앙(중앙)산맥 남쪽 해안 지대인 화둥중구에 주로 분포합니다. 한번 상상해봅시다. 베이난족의 조상은 운무가 자욱한 고산 지대에 살았기 때문에 경작할 때 햇빛을 보지 못해 어려움을 겪으며 답답함을 느꼈을 것입니다. 이 때문에 베이난족은 시간이 흐름에 따라 점점 산 아래 평원 일대로 터전을 옮겼습니다. 하늘과는 점점 멀어지면서 농업이 갈수록 발전했고 정미精米도 한결 수월해졌지요.

그렇다면 베이난족의 신화에서는 왜 임산부가 주인공일까요? 베이난족이 전형적인 모계사회라는 사실을 안다면 쉽게 그 이유를 추측할 수 있습니다. 베이난족은 여성 웃어른이 가장으로서 촌락에서 중요한 역할을 담당합니다. 이 여성들은 가업을 잇고

화둥쭝구 ◆ 대만 동쪽에 위치한 능선 계곡으로, 구름과 거의 맞닿아 있는 모습을 관찰할 수 있다.

가족을 이끌며 힘겨운 농사일을 책임지지요. 절굿공이로 쳐서 하늘을 날려버린 임산부는 세상의 반을 지탱하는 여성의 힘을 상징적으로 보여줍니다.

쩌우족의 신령한 새, 비비쿠라이

아리산에 사는 쩌우족은 왜 작은 새를 이야기의 주인공으로 삼았을까요? 비록 몸집은 작았지만 홍황지력(洪荒之力, 천지가 개벽할 때 세상을 파괴할 만큼 거대한 힘 ─ 옮긴이)을 지닌 비비쿠라이는 수안화미繡眼畵眉, Alcippe morrisonia일 것으로 추측됩니다. 수안화미는 대만의 해발 2천 미터 이하 숲에서 개체 수가 가장 많은 조류로 손꼽

수안화미 ✦ 쩌우족의 신화에 등장할 정도로 쩌우족의 조상들은 수안화미를 전설적 동물로 여겼다.

힙니다. 자유롭게 공중을 날아다닐 수 있는 조류는 옛사람들이 보기에 천지와 교감할 수 있는 신령한 동물이었지요. 더군다나 쩌우족은 수안화미를 전설적 동물로 여겼습니다. 쩌우족은 사냥하러 나갈 때면 동이 트기 전 숲에서 수안화미의 울음소리를 귀담아들었습니다. 부드럽고 구성진 소리가 들리면 무리 없이 출발해도 좋다는 뜻이고, 다급하고 절박한 소리가 들리면 이번 사냥이 위험할 수 있다는 뜻이었지요. 자연과 소통하면서 사람을 대하고 일을 처리하는 나름의 규칙을 발견하는 것이 그들의 생존 지혜였습니다.

창세신화에 나타난 두 개의 태양

세계 각지의 수많은 상고 문명은 저마다 태양을 숭배한 역사가 있습니다. 에너지의 근원인 태양은 세상을 밝게 비추며 만물을 성장시키기 때문에 광명과 활력, 생육과 수확을 상징하는 동시에 출중한 능력이나 왕성한 혈기를 의미했습니다.

대만에도 태양에 관한 신화가 아주 많은데 여기에서는 두 가지 대표적인 서사 유형을 소개하려고 합니다. 먼저 '창세 기원' 유형으로, 파이완족의 신화가 대표적인 예입니다.

상고 시대에 우리가 경애하던 태양신이 차차바오건**卡包根** 정상에 내려와서 빨간 알과 하얀 알을 낳았다. 태양신은 '바오룽'이라는 산무애뱀에게 이 두 알을 부화시키라고 명령했다. 얼마 지나지 않아 두 알이 부화해 남신과 여신이 태어났는데, 남신의 이름은 '푸아바오룽', 여신의 이름은 '차얼무지얼'이었다. 두 신의 후손은 훗날 파이완족 귀족의 조상이 되었고, '리라이'라는 파란 뱀이 낳은 알에서 부화한 이가 파이완족 평민의 조상이 되었다.

우리는 이 신화를 세 부분으로 나누어 생각해볼 수 있습니다. 첫 번째는 파이완족 귀족의 조상이 태양신의 두 자식이라는 부분입니다. 파이완족은 자신들의 지배계급이 태양신의 직계 후손이라고 믿었습니다. 또 그들은 태양신을 만물의 창조자이면서, 가장 숭배하고 존경할 만한 지고지상의 신으로 여겼지요.

그런데 태양신이 두 알을 낳고 나 몰라라 했다는 점을 놓치면 안 됩니다. 대신 태양신은 바오룽이라는 산무애뱀을 보모로 초빙해 두 알의 부화를 맡겼습니다. 이 때문에 파이완족 신앙에서 산무애뱀은 수호신이면서, 태양신이 조상을 지키라고 보낸 '장로'와 같은 존재였습니다. 파이완족은 땅을 지키는 파수꾼인 산무애뱀을 경외했습니다. 집 처마나 대들보, 기둥 등에 수호를 상징하는 산무애뱀의 토템 무늬 장식을 새겼고, 숲에서 산무애뱀을 우연히 만나면 웃어른을 대하듯 먼저 지나가도록 양보했습니다.

마지막으로, 세심한 사람이라면 귀족의 조상은 산무애뱀 바오룽이 지켰던 알에서 태어났고, 평민의 조상은 파란 뱀 리라이가 낳은 알에서 태어났다는 점을 눈치챘을 것입니다. 귀족과 평민이 서로 다른 뱀에게서 태어났다는 신화는 촌락 안에서 계급의 세습과 폐쇄성을 강화했습니다. 초기 파이완족 촌락에서는 귀족과 평민 사이 통혼이 금지되었고, 성씨든 복식이든 계급 구분이 명확했습니다. 축제에서 춤을 출 때조차 계급이 높은 순서대로 입장했습니다.

태양은 강한 생명력을 상징하는 존재인 한편, 에너지가 지나친 탓에 자주 재난을 일으키는 존재이기도 했습니다. 이런 이유로 태양 신화의 두 번째 전형적인 유형은 인류가 태양에게 도전장을 내미는 '사일전설射日傳說'입니다. 이번에는 부눙족의 신화를 한번 살펴봅시다.

> 옛날 옛적에는 하늘에 태양이 두 개였다. 태양이 두 개나 떠 있으니 밤낮을 가리지 않고 햇볕이 쨍쨍 내리쬐는 바람에 몹시 무더운 날이 계속되었다. 어느 마을에 아주 부지런한 부부가 있었는데, 매일 땡볕을 견디며 밭으로 나가 일을 했다. 부부에게는 아들이 둘 있었는데, 이 부부는 더위 때문에 아들들이 혹시라도 잘못될까 봐 커다란 나뭇잎으로 그늘을 만들어두었다.
>
> 그러던 어느 날, 그늘에서 휴식하려던 부부는 햇볕에 말라비틀어진 작은 아들의 시신을 발견했다. 슬픔과 분노에 휩싸인 아버지는 태양을 화살로 쏘아 제거하기로 마음먹었다. 그는 큰아들을 데리고 고향을 떠나, 수많은 지역을 다니며 길고 긴 세월 동안 태양을 찾아다녔다.
>
> 아버지의 새카맣던 머리가 백발이 되고 큰아들이 건장한 청년으로 성장하고 나서야 비로소 두 사람은 태양이 사는 곳에 도착했다. 부

자는 나뭇잎으로 강렬한 햇빛을 가린 채 화살로 태양을 명중시켰다. 화살에 맞은 태양은 뜨거운 피를 철철 흘리면서도 마지막 힘을 쥐어짜 부자를 붙잡고 화를 내며 물었다. "왜 나를 쏜 것이냐?" 아버지가 용감하게 대답했다. "당신이 우리 작은애를 죽였기 때문입니다." 그 말을 듣고 태양이 분개하며 대꾸했다. "참으로 배은망덕한 놈들이구나! 내가 주는 빛과 열이 없다면 너희가 편안하게 생활할 수 있었을 것 같으냐? 그런데도 내게 한 번을 고맙다고 한 적이 없으니 네 작은아들이 말라 죽은 것이다. 이게 다 네가 자초한 업보니라!"

부자는 태양의 말에 수긍할 수밖에 없었고, 태양이 피를 흘리는 모습을 보고 있자니 어쩐지 미안한 마음이 들어 상처를 치료해주었다. 태양은 부자가 진심으로 잘못을 인정하자 두 사람을 용서했고, 앞으로는 태양을 하나만 남겨두겠다고 약속했다. "이제 나는 달이 될 것이다. 너희는 집으로 돌아가서 달이 차면 내게 제사를 지내라고 가족에게 알려라. 그러면 그해에는 풍년이 들고 인구도 크게 늘어날 것이다. 내가 닭과 좁쌀의 씨앗을 줄 테니 닭으로는 시간을 알리고 좁쌀로는 제사를 지내라."

이 개연성 없이 급하게 전개되는 이야기를 어떻게 받아들이면 좋을까요? 사실 화살로 태양을 쏘는 이야기는 수많은 전설에 등장하는 단골 소재입니다. 당시 사람들이 겪었던 가뭄과 폭염으로 인한 고통과 무력감을 반영하고 있기 때문이지요.

삶이 괴롭고 힘들 때 될 대로 되라는 식으로 자포자기하는 사람도 있지만 더욱 열심히 노력하는 사람도 있습니다. 부능족 조상들이 바로 그런 사람들이었지요. 그들은 고통에 물러서지 않고 정도正道를 걸었습니다. 더디고 먼 길이었지만 끝끝내 태양을 찾아 분노의 한 발을 쏘아 올리며 운명에 대한 인류의 반격을 보여주었습니다.

재미있는 점은 이야기에 등장하는 태양이 생명체라 피도 흘리고 화도 내며 반박도 한다는 것입니다. 부눙족의 신화는 이런 요소를 통해 하늘을 공경하는 '경천敬天' 사상을 이끌어내고 제사 의식의 유래를 설명하며 원주민과 자연이 조화롭게 공존하는 삶의 철학을 충분히 드러냈습니다.

가장 소박하면서도 가장 매혹적인 이야기

문자 기록은 후대 사람들이 공들여 다듬은 뒤 보기 좋게 포장하는 과정에서 날것의 이야기와 진실함을 잃어버리는 경우가 종종 있습니다. 그런데 신화는 그런 점에서 한 번도 우리를 실망시킨 적이 없습니다. 길이가 짧고 내용은 담백하지만, 세상에 대한 상고시대 인류의 가장 주관적이면서 가장 원시적인 해석이 그 안에 가득 담겨 있지요.

이런 재미있는 이야기를 그냥 감상하기만 해도 좋고 문헌 자료나 인류학 증거와 비교하고 대조하면서 신화와 전설 이면에 숨겨진 역사적 진실을 파헤쳐도 좋습니다. 옛사람의 생활은 당신이 어떻게 보느냐에 따라서 단순할 수도 있고 복잡할 수도 있습니다. 당신은 신화를 어떻게 읽고 싶은가요?

대만의 원주민

대만섬에는 청나라 시기 한족이 이주하기 전부터 남도어족에 속하는 사람들이 살고 있었습니다. 이들은 약 6,000년 전부터 이 섬에 살았다고 전해지며, 쩌우족, 부눙족 등을 비롯해 16개 부족이 총인구의 2.4% 정도를 차지하고 있습니다. 원주민들은 지역에 따라 고유의 풍습과 언어를 가지고 있었는데, 청나라 시대 한족이 들어온 이후 터전을 빼앗기고 높은 산으로 쫓겨 올라가는 일이 많았습니다. 이때 고산 지대에 사는 일부 원주민을 제외한 대다수는 사라지거나 한족과 결혼해 혼혈이 되었지요. 근대화 이후에는 한족에 동화되어 살아가는 한편, 원주민 고유의 정체성을 지키려는 움직임도 일어나고 있습니다.

2장

아름다운 섬 포르모사를 찾아온 두 나라
네덜란드와 스페인 통치 시대

이곳은 북위 22도에 위치한 포르모사섬입니다. (중략)
나는 그들의 언어를 배우고 그들에게 기독교 신앙을 가르치기 위해
많은 노력을 기울였습니다.

—게오르기우스 칸디디우스 George Candidius

(네덜란드 동인도회사 소속으로 대만으로 왔던 최초의 선교사)

혹시 포르투갈인은 좋아 보이는 섬을 지나갈 때마다 "일라 포르모사(Ilha Formosa, 아름다운 섬)!"라고 외친다는 사실을 알고 있나요?

16세기는 포르투갈 제국의 전성기였습니다. 포르투갈 선원들은 전 세계를 가로질러 곳곳에 신항로를 개척했습니다. 선원들은 마치 관광지에서 외국 상인들이 어눌한 말투로 "멋진 오빠!" "예쁜 언니!"라고 말하는 것처럼 "일라 포르모사"를 남발했습니다. 망망대해에서 너무 오래 지내다 보니 푸릇푸릇한 식물이 있는 육지를 보기만 해도 일단 "일라 포르모사"부터 뱉었지요.

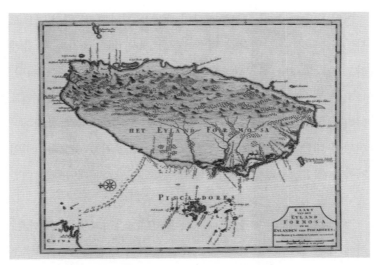

포르모사섬과 위웡군도도漁翁群島圖 ◆ 1727년 네덜란드인이 제작한 대만과 펑후 지역의 지도다.

탐험을 좋아하는 포르투갈인의 열정 덕분에 유럽, 아프리카, 아메리카, 아시아 등 전 세계에 '포르모사'라는 이름이 붙은 수많은 지명이 탄생했습니다. 2022년 카타르 월드컵에서 우승을 차지한 남미의 축구 강국 아르헨티나 동북부에 위치한 포르모사주도 그중 하나입니다. 공교롭게도 포르모사주는 대만의 대척점(지구 중심으로 들어가서 반대편으로 나오는 지점)에 있습니다. 다시 말해 대만에서 아래로 쭉 땅을 파고 내려가서 곧은 터널을 만들고, 그 터널을 통과하면서 뜨거운 지구 핵에 녹아내리지만 않는다면 결국 아르헨티나 포르모사주로 나올 수 있다는 말입니다. 포르모사에서 지구를 가로지르면 지구 반대편에 있는 또 다른 포르모사에 닿을 수 있다니, 정말 신기하지 않나요?

이런 탓인지 흔히 포르투갈인이 대만을 지나면서 "일라 포르모사!"라고 외쳤다는 일화가 대만이 '포르모사'라고 불리게 된 유래라고 생각합니다. 하지만 이 이야기는 사실이 아닐지도 모릅니다.

최근 역사학자들이 진행한 수많은 고증 연구에 따르면, 어느 나라의 기록이든 현재까지 수집한 사료에서 포르투갈 항해자나 선원이 대만을 지날 때 "일라 포르모사!"라고 외쳤다는 직접적인 기록은 찾을 수 없습니다. 대신 당시 포르투갈인 대다수는 대만을 샤오류추小琉球, Lequeo Pequeno라고 불렀습니다.

그럼 대만은 왜 포르모사라는 이름으로 알려지게 된 걸까요? 이에 대한 답으로, 1580년경 스페인 사람이 대만을 보고 에르모사(Hermosa, 스페인어로 '아름다운'이라는 형용사) 섬이라고 부른 기록이 있습니다. 'Hermosa'가 바로 포르투갈어 'Formosa'의 스페인식 표기입니다. 17세기 네덜란드 동인도회사에서 그린 지도나 보고서를 봐도 대만을 'Formosa'나 'Formoso'라고 불렀다는 사실을 알 수 있습니다. 그 후로 유럽 사람들은 대만을 포르모사라는 일반 호칭으로 불렀지요.

따라서 대만을 포르모사라고 불러도 아무 문제 없습니다. 식물 분류학에서 포르모사라는 이름이 붙은 식물은 딱 두 가지인데, 대만에서 나고 자란 토종 자생종이거나 사람을 홀릴 만큼 매력적인 형태를 지닌 경우입니다. 국제적으로도 대만을 뜻할 때 로마자 표기법으로 'Formosa'(포르모사)라는 이름을 400년 넘게 통용해왔습니다. 그에 비하면 'Taiwan'(타이완)은 비교적 신생 단어로서 청나라 말기부터 대만을 의미하는 명사로 사용되었지요.

따라서 대만이 포르모사라고 불리는 데 포르투갈은 전혀 관련이 없습니다. 사실 대만의 역사와 관련이 깊은 나라는 네덜란드와 스페인입니다. 이 두 나라가 대만의 역사와 어떻게 얽혀 있는지를 한번 파헤쳐봅시다. 먼저 네덜란드의 이야기입니다.

역사상 첫 다국적 기업의 등장

1602년 동남아에서 무역을 하던 네덜란드 14개 기업이 서로 연합해 '네덜란드 동인도회사Vereenigde Oost-Indische Compagnie'를 결성했습니다.

암스테르담의 네덜란드 동인도회사의 조선소 ◆ 네덜란드 동인도회사는 1602년 아시아에 대한 무역·식민지 경영을 위해 설립되었다.

네덜란드 동인도회사의 깃발 ✦ 네덜란드 국기 안에 네덜란드 동인도회사의 약자를 넣었다.

이 회사는 그야말로 파격 그 자체였습니다. 네덜란드 동인도회사는 다국적 기업이자 역사상 최초의 주식회사로, 마치 국가처럼 군대를 보유하고 화폐를 발행하며 법률을 제정할 수 있었습니다. 네덜란드는 네덜란드 동인도회사에 희망봉을 기준으로 동쪽 해상 무역의 독점권을 부여했습니다.

당시 네덜란드에는 다른 선택의 여지가 없었습니다. 권력을 이양함으로써 전력을 다해 네덜란드 동인도회사라는 거대 무역회사를 키워야만 16, 17세기 바다에서 유리한 위치를 선점한 포르투갈, 스페인과 겨뤄볼 수 있었기 때문입니다.

확실히 이 두 상대는 만만치 않았습니다. 당시 동아시아 해역에서 가장 값어치 있는 상품은 동남아시아의 각종 향신료와 중국의 명주실이었습니다. 포르투갈은 1553년에 발 빠르게 마카오를 점령해 최적의 지리적 위치를 손에 넣고 중국, 일본과 비단, 은화를 거래했습니다. 스페인은 1571년 필리핀 북부에 위치한 루손섬Luzon Island을 점령하고 마닐라시를 건설한 뒤 지금의 필리핀을 동아시아 핵심 거점으로 삼아 중국과 동남아, 아메리카 대륙 사이에서 비단과 향료를 거래했습니다.

혹시 눈치챘나요? 1602년 네덜란드가 네덜란드 동인도회사를 설립할 즈음 포르투갈과 스페인은 이미 수십 년간 편안히 누워서 돈을 왕창 벌어들이고 있었다는 사실 말입니다. 네덜란드도 후발주자라는 약점을 만회하려면 수단과 방법을 가리지 않고 경쟁에 열성적으로 임해야 했습니다. 이 때문에 네덜란드 동인도회사는 설립한 지 얼마 되지 않았을 때부터 끊임없이 함대를 보내 마카오와 마닐라를 공격했습니다. 심지어 인근 해역을 봉쇄하고, 그 해역을 오가는 선박을 약탈하기도 했습니다.

이렇듯 필사적으로 몸부림친 덕분에 네덜란드는 1619년에 바타비아(지금의 인도네시아 자카르타)를 차지해 네덜란드 동인도회사를 아시아 무역 발전의 본거지로 삼았습니다. 하지만 바타비아는 지리적으로 중국과 너무 멀리 떨어져 있던 탓에 포르투갈령인 마카오나 스페인령인 마닐라보다 인기가 없었습니다. 네덜란드는 중국 시장과 원활하게 거래하기 위해 평후 제도까지 거침없이 공략했습니다.

평후 제도는 푸젠성의 취안저우, 샤먼과 거리가 멀지 않아서 바다 상황만 좋으면 중국에서 반나절 만에도 갈 수 있었습니다. 게다가 평후 제도는 네덜란드 함대가 바타비아와 일본 나가사키항을 오가는 데 필요한 기항지가 될 만한 지리적 이점도 가지고 있었습니다. 눈물 나게 맛있는 화쯔완(갑오징어완자)과 헤이탕가오(흑설탕케이크)도 있으니 더더욱 점령하지 않을 이유가 없었습니다. 이런 까닭에 네덜란드는 평후 제도에 아예 성을 쌓아버렸습니다. "나는 평후를 기지로 삼을게. 명나라, 너는 내가 여기서 너와 거래할 수 있게 해줘."

평후 제도는 당시 명나라의 영토였습니다. "우리 대명제국의 침대맡에서 어찌 생판 남이 늘어지게 자도록 내버려둘 수 있겠는가!" 본때를 보여주기로 다짐한 명나라는 네덜란드와 제대로 한판 붙었고, 기어코 네덜란드를 몰아냈습니다. 그런데 전쟁이 끝난 후 명나라는 네덜란드에게 이런 회유책을 건넸습니다. "평후제도 동남쪽에 있는 대만섬은 우리 땅이 아니야. 뛰어다니는 거라곤 꽃사슴뿐인 평화로운 땅이지. 그러니 그곳을 점령하는 건 어때? 가는 길을 잘 모르겠으면 내가 배를 내줄 수도 있고."

그렇게 네덜란드 동인도회사는 1624년 대만섬 남부 다위안(지금의 타이난시 안핑구)에 상륙해 대만 역사상 문자 기록이 남아 있는 최초의 정권을 수립했습니다. 흔히 대만의 역사를 400년이라고 하는데, 바로 문자 기록이 남아 있는 이때를 기준으로 계산했기 때문입니다.

네덜란드인은 대만에 첫발을 내디딘 뒤, 뭔가 심상치 않은 기운을 감지했습니다. 대만섬에 사는 원주민의 수가 그들보다 훨씬 많았습니다. 대만 연해안 일대에 이미 한족 수천 명이 살았고 다위안 지역에는 시라야족의 4대 지파 신강서, 무자류완서, 샤오룽서, 마더우서처럼 강력한 원주민 부족이 있었습니다. 특히 마더우서는 시라야 지파 중에 세력이 가장 막강했는데, 2천 명이 넘는 전사를 동원할 능력이 있었습니다.

이에 비해 당시 대만에 온 네덜란드 동인도회사 사람은 몇백 명에 불과했습니다. 머릿수부터 극명하게 차이가 나다 보니 네덜란드는 강경하게 나가면 안 된다는 걸 처음부터 잘 알고 있었습니다. '우린 장사하러 대만에 왔다. 돈을 많이 버는 것과 관에 들어가는 것 중 하나를 고르라면 당연히 전자다. 장사를 계속하려면 친구가 많을수록 좋다. 따라서 아무리 우리 무기가 훌륭하다고 해도 가능하면 사용하지 않는 편이 낫다.' 이것이 네덜란드 동인도회사의 속마음이었습니다.

네덜란드 동인도회사는 정치적으로 현지 원주민 부족에게 선의를 베풀며 우호적인 세력을 구슬려서 동맹을 맺는 한편, 각 부족 간의 응어리와 악감정, 갈등을 파악하고 이용해 부족들을 이간질했습니다.

네덜란드가 대만을 점령한 지 11년째가 되었을 때, 비로소 그들은 실체를 드러냈습니다. 1635년 겨울, 네덜란드 병사 수백 명이 신강서와 연합해 전쟁을 일으켜 가장 강력했던 마더우서를 공격했습니다. 이 과정에서 네덜란드는 마더우서 사람들을 마구 학살하고 모든 집을 불태웠습니다. 이 일로 마더우서는 세력이 크게 약화되었고 네덜란드 동인도회사에 빈랑과 야자나무 묘목을 바쳤습니다. 조상이 남긴 모든 토지를 기꺼이 양도하겠다는 의미였습니다.

이 전쟁으로 줄곧 가장 맹렬한 기세를 보였던 마더우서마저 백기투항하면서 네덜란드가 본격적으로 위세를 떨치게 되었습니다. 이어서 원주민 부족들이 잇따라 네덜란드 동인도회사에 항복하고 땅을 갖다 바쳤습니다. 1636년 말에는 총 57개 원주민 부족이 네덜란드 통치에 따르기로 맹세하면서 네덜란드 동인도회사는 대만 서남부를 완전히 장악하게 되었습니다.

선교도 좋지만 돈은 벌어야지

민심을 얻는 자는 천하를 얻게 된다고들 하지만, 민심은 결코 무력으로 얻을 수 있는 것이 아니었습니다. 그렇기에 네덜란드인은 기독교 교리로 번인(대만의 원주민)을 감화시키려고 했습니다. 선교사들은 원주민과 네덜란드인이 마음에 하느님을 모시고 협력하기만 하면 서로 친형제처럼 될 수 있다고 믿었습니다.

게다가 포르모사섬은 단언컨대 복음을 전파하기 위해 하늘이 선택한 땅이었습니다. 그 근거로는 첫째, 이곳에는 종교를 금지하고 외래 종교의 교세 확장을 제한하는 강력한 황제나 국왕이 없었습니다. 둘째, 원시적인 부족 사회이다 보니 만물에 영혼이 있다는 자연 숭배 사상 외에 다른 종교가 없었습니다. 태상노군, 옥황상제 등 한족의 원숙한 도교 우주관에 비해 원주민 사회는 기독교 신앙이 침투하기 쉬웠지요.

원주민을 독실한 기독교도로 만들기 위해 네덜란드 동인도회사에 속한 선교사들은 무진 애를 썼습니다. 열심히 원주민 말을 배워서 신강서 사람들이 그들의 말을 알파벳으로 적을 수 있도록 가르쳤는데, 이를 신강 문자라고 합니다. 또 상용어를 수집해서 『신강어 사전』을 출판했습니다. 신강 문자로 교리 문답 소책자, 기도문 등 전도용 책을 새로 쓰기도 했습니다. 당시 역사 기록을 보면 선교 상황을 엿볼 수 있습니다.

> 남자 45명이 하느님의 이치를 공부하고, 저녁 기도와 아침 기도를 드리며, 책을 읽고, 신강어로 주기도문과 시편 100편의 신앙 고백을 소리 내어 읽는다. 그들에게는 더 많은 교재가 필요하다. 또 여성 50~60명이 날마다 기독교 교리 문답서를 공부한다.[*]

* 『질란디아성 일지 제1권』 장수성 번역(1999년). 타이난: 타이난 시청: 378-380.

신강 문자의 출현으로 마침내 원주민에게도 그들의 말을 표기할 문자가 생겼습니다. 네덜란드가 떠난 후에도 시라야족은 계속 알파벳으로 자신들의 언어나 성씨를 쓰고 좁쌀 한 근, 사슴 가죽 한 장 가격이 얼마라는 식으로 장부를 기록했습니다. 19세기까지 시라야족은 부족끼리 혹은 한족과 금전 거래나 토지 매매를 하기 위해 계약서를 작성할 때도 신강 문자를 사용했습니다.

역사학자들은 오늘날까지 남아 있는 문헌과 계약서들을 '신강 문서'라고 부르며 총 187건을 수집했습니다. 비록 수량은 얼마 되지 않지만, 원주민의 문자 사료는 당대 학자들이 핑푸족(고산족을 제외한 원주민을 통칭하는 말로 주로 평지에 살던 원주민 — 편집자)과 대만사를 연구하는 데 도움이 되는 귀중한 자료입니다.

네덜란드인이 선교에만 열과 성을 다한 건 아니었습니다. 명색이 상업회사인 네덜란드 동인도회사가 돈은 안 벌고 선교만 할 수는 없는 노릇이지요. 네덜란드 동인도회사의 장관들은 무역을 통해 이익을 내는 것이 기독교도를 더 많이 길러내는 것보다 더 중요하다고 목소리를 높였습니다.

이는 확실히 일리가 있는 의견이었습니다. 17세기 동아시아 국제 무역의 요충지였던 대만은 각국의 함대가 동남아와 중국, 일본과 왕래할 때 거쳐 가는 길목에 있었습니다. 네덜란드 동인도회사는 대만을 상품 무역의 집산지로 간주했습니다. 다위안 항구에서는 네덜란드의 약재, 바타비아의 향료, 중국의 비단과 도자기, 일본의 은, 조선의 인삼 등이 거래되었습니다. 네덜란드는 대만에서 중계 무역으로 폭리를 취하며 돈방석에 앉았습니다.

네덜란드가 대만을 점령함으로써 얻은 이득은 이뿐만이 아니었습니다. 대만은 네덜란드에 뜻밖의 선물들을 안겨주었습니다. 사슴 가죽은 당시 대만에서 아주 중요한 수출 상품으로 급부상했습니다. 사슴 가죽은 주로 일본으로 수출되었는데, 일본에서는 사슴 가죽을 갑옷이나 무기 제작에 애용했습니다. 1634년부터 1638년까지 약 4년 동안 대만에서 일본으로 수출한 사슴 가죽은 11만 장에서 15만 장으로 증가했습니다. 이에 따라 한때 대만에 가득했던 꽃사슴은 대량 수출, 과다 포획으로 개체 수가 급감했습니다.

한편 사탕수수 생산과 수출 역시 이맘때쯤 시작되었습니다. 네덜란드인은 다위안 일대의 지형과 기후가 사탕수수 재배에 적합하다고 판단했습니다. 그 후 대만 땅을 개간하기 위해 적극적으로 한족을 모집했습니다. 한족의 탁월한 농경 기술을 사용해 대만에 모내기 면적을 늘리기 위함이었습니다. 그뿐 아니라 땅 개간에 박차를 가하고, 수레나 쟁기를 끄는 데 힘을 보태기 위해 황소를 들여왔습니다. 그리하여 설탕과 쌀 생산량은 해마다 증가했습니다. 대만은 가히 농작물의 천국이라고 말할 수 있는 땅이었습니다. 심기만 하면 뭐든 쑥쑥 잘 자랐기 때문입니다. 네덜란드는 실험 정신을 발휘해 완두, 토종 망고, 스자(석가), 토마토, 자바사과 등도 들여왔습니다.

기록에 따르면 1649년 아시아 각지의 네덜란드 동인도회사 거점 중 실론(지금의 스리랑카), 시암(지금의 태국)을 포함해 아홉 곳에서 적자가 발생했습니다. 흑자를 낸 곳은 열 곳인데, 그중 일본의 수익률이 전체의 38.8%로 1위를 차지했고, 대만은 25.6%로 2위를 차지했습니다. 대만이 이렇게나 돈벌이가 되는 곳이라면 어찌 네덜란드만 좋은 일을 시킬 수 있을까요? 이쯤에서 스페인이 등장합니다.

모진 고생을 한 스페인의 16년

1624년 네덜란드가 대만 남부를 점령하자 스페인은 초조해졌습니다. 스페인은 향후 네덜란드 함대의 봉쇄와 간섭을 피하고 마닐라에서 중국까지 가는 항로의 안전을 보장하기 위해 1626년에 재빨리 군대를 이끌고 북상했습니다. 그 후 대만 최동단에 위치한 '곶', 산댜오자오에 상륙한 뒤 단숨에 대만 북부의 지룽과 단수이를 점령했습니다.

부디 산댜오자오三貂角라는 명칭의 유래를 오해하지 마시길 바랍니다. 그 '곶'에 있는 암석 모양이 담비貂 세 마리를 닮아서가 아니라 스페인 사람들이 상륙하고 나서 그 지역 부족을 산티아고Santiago라고 부른 것이 산댜오자오의 유래입니다. 'Santiago'를 민난어로 소리 내어 읽어보면 산댜오자오처럼 들리거든요.

그런데 스페인이 대만과 상극이었는지 이때부터 스페인의 수난 시대가 시작됩니다. 스페인은 대만에 산살바도르San Salvador성, 산토도밍고Santo Domingo성을 지어 통치의 거점으로 삼았지만, 통치 초기부터 대만 북부에 기반을 전혀 쌓지 못했습니다. 스스로 생활필수품을 조달할 능력이 전혀 없어서, 해마다 필리핀 마닐라 선박을 통해 식량, 옷, 무기 등을 얻어야만 했습니다. 설상가상으로 대만 북부 지역의 원주민 부족은 인정사정없었습니다. 기습은

단수이에 있는 홍마오청紅毛城 ✦ 1628년 스페인군이 건설한 산토도밍고성이었는데, 스페인 철수 이후 1644년에 네덜란드가 재건했다. 홍마오는 '붉은 털'이라는 뜻이다.

말할 것도 없었고, 난데없이 들이닥쳐 자신들의 터전을 점령한 스페인 사람에게는 음식을 팔려고도 하지 않았습니다. 이 때문에 처음 대만에 온 스페인 사람들은 곤궁한 처지에 놓였고, 기후와 풍토가 맞지 않아 병사하거나 식량 부족으로 굶어 죽는 사람까지 생겼습니다.

대만에 있던 스페인 사람들은 은 공급마저도 마닐라에 의존해야 했습니다. 대만에 있는 스페인 주둔군의 봉급과 성 건축비, 유지보수비 등 지급해야 할 비용은 산더미처럼 쌓여갔지만, 일상생활에 들어가는 지출로 현금은 거의 바닥난 상태였습니다. 당시 스페인 사람들과 거래하려고 대만 북부 항구에 도착한 중국 상인은 스페인 사람들에게 물건을 살 돈이 아예 없다는 사실을 단박에 알아차렸습니다. 중국 상인들은 굳이 이곳까지 배를 몰고 와서 장사할 필요가 없다고 생각했습니다. 엎친 데 덮친 격으로 이 시기에 일본의 에도 막부가 쇄국 정책을 펼쳐 천주교를 국교로 하는 스페인, 포르투갈과 단교하고 모든 선박 왕래를 금지했습니다.

중국인은 물건을 사러 올 마음이 없고 일본인은 스페인 사람과 거래하기를 철저하게 거부했습니다. 이런 마당에 대만의 원주민은 심심하면 찾아와서 한바탕 소란을 피워대니 스페인의 대만 통치는 한마디로 엉망진창이었습니다.

그래서 스페인은 지출을 줄이기 위해 대만 북부에 있던 주둔군을 감축하기로 했습니다. 단수이의 산토도밍고성을 파괴하고 지룽 허핑다오에 있는 산살바도르성에만 군대를 주둔시켰습니다. 대만 남부에 있던 네덜란드에게는 스페인을 공격할 절호의 기회가 찾아온 셈이었습니다.

네덜란드는 통치 역량을 남부 거점에서 북쪽으로 확대해 포르모사 전체를 지배하는 주인이 되는 한편, 타이베이에서 금맥을 찾아 노다지를 캐는 꿈을 꿨습니다. 마침내 1642년 군대를 이끌고 북상한 네덜란드는 손쉽게 승리를 거머쥐며 16년 스페인 통치에 마침표를 찍고, 포르모사의 유일한 통치자가 되었습니다.

하지만 대만 남부에서만 살던 네덜란드인에게 타이베이에서의 생활은 여간 힘든 게 아니었습니다. 타이난 사람인 저도 타이베이에서 대학에 다니기 전까지 옷에 곰팡이가 생길 수 있다는 걸 모르고 살았는데, 네덜란드 사람들도 타이베이를 손에 넣은 뒤 자신들의 운수가 사나워질 줄은 몰랐던 것 같지요? 그동안 순조롭게 대만을 통치하던 네덜란드의 운명이 갑자기 180도로 바뀌

17세기 네덜란드가 통치했던 지역(분홍)과 스페인 통치 지역 (초록) ◆ 네덜란드는 섬의 서남부 지역, 스페인은 북부 지역에 거점을 두었다.

산토도밍고성

산살바도르성

질란디아

어버렸습니다. 네덜란드 사람들도 스페인 사람들처럼 식량 부족 위기에 직면해 남부의 다위안에서 계속 쌀을 지원받을 수밖에 없었습니다. 비가 그치지 않는 북부의 습기는 가히 놀라웠습니다. 네덜란드 동인도회사의 보고서에는 열악한 기후 조건 탓에 대만 북부에 주둔하던 병사 중 병들거나 목숨을 잃은 비율이 매우 높았다는 언급이 있습니다.

오랫동안 네덜란드를 지켜주던 행운이 다하고 불운이 눈앞에 닥쳤습니다. 몇 년 후 대만 땅을 밟은 정성공鄭成功은 네덜란드의 대만 통치가 이미 종점에 다다랐으며, 대만 역사의 새로운 장이 열릴 것이라고 선포했습니다.

3장

'국성야' 정성공은 대체 어떤 사람이었을까?

정성공에 대한 엇갈리는 평가

"정씨는 비록 대만에 몸을 두었으나 마음으로는
시종일관 명나라 황실에 충성하고 계왕 영력제를 모셨으며,
명나라 회복의 의지를 마음에 새기면서
해마다 저 멀리 중국 본토를 향해 절하는 대대적인 행사를 거행했다."
—계엄 시대 역사 교과서에 실린 정성공의 평가

엄연히 역사 속에서 살아 숨 쉬던 정성공은 한족에 의해 끊임없이 신격화되어 왔습니다. 한족은 지금도 그를 대만의 개국시조로 믿고 개대성왕(開臺聖王, 개산성왕이라고도 함)으로 받들어 모십니다. 정성공에게 제사를 드리는 사당만 해도 대만 전역에 총 450여 곳이나 있을 정도입니다.

그중에서도 타이난에는 카이산리開山里 카이산루開山路라는 곳이 있습니다. 카이산루 서쪽은 군왕리인데 '연평군왕사延平郡王祠'가 있어서 군왕리라고 불리지요. 그곳에는 정성공의 제사를 지내는 공간뿐 아니라 정성공 박물관도 마련되어 있습니다. 그야말로 어

정성공(1624-1662) ◆ 중국 명·청 교체기에 활동했던 명나라의 군인이자 정치가. 대만을 항청 기지로 삼고, 네덜란드를 몰아냈다.

다나 정성공과 관련이 없는 곳이 없을 정도입니다. 한 마을 전체가 '정성공의 마을'이라고 해도 과언이 아니지요.

하지만 역사 속에서 정성공은 인간이면서 신이기도 하고, 영웅이었다가 빌런으로 변신하기도 했습니다. 정성공의 이미지는 왜 이토록 변화무쌍할까요? 그가 과연 어떤 인물이었는지 한번 자세히 살펴봅시다.

정성공은 어떤 인물이었을까요?

1949년에 대만성臺灣省 정부의 우궈전吳國楨 주석은 참의회의 물음에 답변하면서 "정성공은 자유, 모험, 충성심과 지조, 남을 위하는 희생정신을 가지고 언제 어디서나 멸청복명滅淸復明, 본토 수복이라는 염원을 가슴에 품은…… 5천 년 중국 역사상 가장 위대한 인물이다"라고 언급했습니다.

1986년 대만 국립편역관이 편집하고 출판한 중학교 역사 교과서에서는 정성공을 이렇게 소개합니다. "청나라 병사들이 북경을 점령하자 명나라 유신들은 남부에 왕족을 옹립하고 저항했다. 남명(南明, 명나라가 망한 뒤 왕실 계통의 일족이 세운 지방 정권) 시기에… 청나라에 항거하며 강직한 기개를 보여주는 동시에 또 다른 위대한 업적을 일군 사람은 정성공 한 명뿐이다."

'청나라에 항거했다' 하면 하나같이 정성공 이야기뿐인데, 대체 그가 얼마나 위대한 인물이었길래 그럴까요? 예전 대만 사람들은 정성공에 관해 대부분 아래와 같이 알고 있었습니다.

정성공의 본명은 정삼이었으며, 아버지 정지룡은 해적이었습니다. 남명 시대 초기에 정지룡은 남명 편에서 당왕(唐王, 주율건)을 황제로 옹립하는 데 힘썼습니다. 당시 당왕은 영리하고 귀여운 어린 정삼이 마음에 쏙 든 나머지 주朱씨 성을 하사하고 정삼의 이름을 주성공으로 바꾸었습니다. 주朱는 명나라 황제의 성씨로 명나라의 국성(國姓, 임금과 같은 성과 본)이나 다름없었습니다. 이것이 바로 정성공이 '국성야(國姓爺, 야爺는 존칭이다 — 옮긴이)'로 불리게 된 이유입니다. 성공이라는 이름은 말 그대로 반청복명反淸復明이라는 대업이 반드시 성공한다는 뜻을 담고 있었습니다.

그 후 청나라 병사들이 푸젠을 공격했고, 남명 군대는 걷잡을 수 없이 무너졌습니다. '지금 포기하면 전쟁에서는 지겠지만, 더 높은 관직을 손에 쥘 수 있다.' 판세가 심상치 않다고 느낀 정지룡은 청나라로 잽싸게 몸을 틀었지만, 그의 아들 정성공은 아버지의 뜻을 단호하게 거부했습니다. 정성공은 '반청복명'이라는 구호를 마음 깊이 새기고 있었습니다. 청나라에 끈질기게 항거했던 정성공의 용기를 가상히 여긴 남명의 계왕桂王은 그를 '연평군왕'에 봉했습니다.

이후 남명은 더 이상 손을 쓸 수 없을 만큼 패배를 거듭했습니다. 정성공은 동쪽에 위치한 대만섬으로 방향을 틀고, 그 땅을 정복해 항청抗淸의 기지로 삼으려 했습니다. 결국 정성공은 끈질긴 전투 끝에 네덜란드 동인도회사를 몰아내고 대만 땅을 점령합니다. 이로써 대만은 반청복명 운동의 기지가 되었지요. 이후 정성공은 대만에 온 지 1여 년 만에 세상을 떠나고 맙니다. 하지만 그

정지룡(1604-1661) ✦ 중국 명나라에서 활동하던 상인으로, 해상업을 통해 막대한 부를 이루었다.

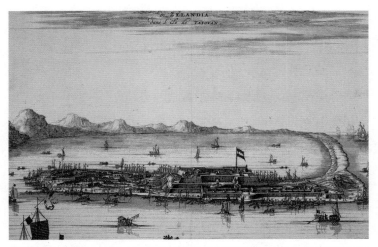

질란디아성 공방전(1661) ✦ 정성공이 네덜란드 동인도회사의 대만 지배를 종결시키고 지배권을 확립하는 데 결정적 사건이 되었다.

의 탁월한 리더십과 시대를 앞선 행보는 대만의 발전에 큰 영향을 주었습니다.

여기까지가 흔히 아는 정성공의 이야기입니다. 역사 교과서는 다음과 같은 꽤 감동적인 결론을 내립니다. "정씨는 비록 대만에 몸을 두었으나 마음으로는 시종일관 명나라 황실에 충성하고 계왕 영력제를 모셨으며, 명나라 회복의 의지를 마음에 새기면서 해마다 저 멀리 중국 본토를 향해 절하는 대대적인 행사를 거행했다." 이런 평가는 계엄령이 떨어진 시절 그의 애국정신과 충성심을 강조한 것이었지요.

하지만 정성공에 대한 평가는 이렇게 획일적이지 않았습니다. 1659년 청나라 순치황제는 정성공을 이렇게 묘사했습니다. "역적 정성공, 둔적해우, 경조왕화, 흉잔교사, 죄대악극." 요즘 말로 하면 이런 뜻입니다. "극악무도한 정성공 때문에 울화통이 터진다! 저기 구석진 귀도鬼島 대만에 숨어서 잡지도 못하는구나! 비열하고 교활한 정도가 이루 말할 수 없다!"

한편 1697년 대만으로 여행 온 청나라 문인 욱영하郁永河가 본 정성공은 이러했습니다. "정성공은 참으로 무서운 인물이다. 협소하기 짝이 없는 대만 안으로 십수만의 군대를 양성하다니! 청나라 관리에게 뇌물을 주고 정경 유착을 일으킬 만큼 돈이 차고 넘친다. 정성공은 왜 그렇게 돈이 많았을까? 정씨 집안이 해상무역을 거의 독점해 재산을 모았기 때문이다."

사료 『구주매일대사기歐洲每日大事記』에 보면 정성공의 포로가 된 네덜란드 선교사 안토니우스 함브룩(Antonius Hambroek, 1607-1661)의 기록이 있습니다. "아, 슬프도다! 내 삶이 이교도를 위해 이런 잔혹하고 포학한 일을 하는 데 쓰일 수밖에 없었다는 것이 애통하다. 이 폭군은 아무리 애처롭게 용서를 구해도 절대 용서하지 않겠다는 명령을 내렸다. 그들은 비인도적으로 하느님의 뜻을 거슬러 포학한 짓을 자행했고, 순진한 아이들조차 가만두지 않았다."

한때 대만에서 일을 하며 여행하던 영국 탐험가 윌리안 알렉산더 피커링Willian Alexander Pickering은 1898년에 출판한 회고록에서 정성공을 다음과 같이 묘사했습니다. "한족 중에서 타타르(청나라)에 항거한 최후의 1인 국성야는 당시 악명이 높았던 해적으로 아무 때나 중국 남부 해안을 공격했다."

그 위대하던 민족 영웅 정성공은 어디로 가버렸을까요? 순치 황제가 바라본 정성공은 황제가 이를 갈 정도로 미워한 지명 수

배자였고, 욱영하는 정성공의 엄청난 부와 자유를 질투했습니다. 안토니우스 함브룩 선교사가 언급한 국성야는 지옥불에 떨어질 만한 폭군이었지요. 피커링이 알고 있는 국성야는 마치 밥 먹듯이 마을을 공격하는 '코인 마스터(Coin Master, 마을을 건설하고 공격하는 어드벤처 게임―옮긴이)' 플레이어 같습니다.

메이지 시대 일본 학자인 요다 가카이依田學海는 저서 『국성야토청기國姓爺討淸記』에서 정성공이 일본인이라고 공언했습니다. "제군이여, 배우자! 공부하자! 널리 명성을 떨친 국성야는 일본인의 기상을 지녔다. 이 책은 그가 만주족이 세운 청나라와 교전할 때 보인 웅대한 계략을 기록한 것이다. 국성야는 일본의 씨가 싹을 틔운 것으로 (중략) 일본에서 태어난 그는 동양의 정기를 이어받아 성품이 올곧고 의협심을 지녔으며 어머니의 유전자를 물려받아 일본의 얼이 있다."(정성공의 어머니는 나가사키 히라도번에 사는 일본인 다가와 마츠였다―편집자)

마치 다른 평행우주에 여러 정성공이 살고 있는 것만 같지요? 혼란스럽기까지 한 정성공에 대한 여러 평가를 마주할 때 우리가 알아야 할 점은 모든 사람이 살아가면서 결코 한 가지 역할만 맡는 것은 아니라는 사실입니다. 다른 사람의 이익과 변화하는 현실에 따라 개개인에 대한 평가는 얼마든지 달라질 수 있습니다.

입맛대로 정성공을 이용하다

1949년 중화민국 정부는 국공내전에서 패배한 후 대륙을 떠나 대만에 뿌리를 내렸습니다. 그들은 이 조그마한 섬에서 지내며 '반공복국(反共復國, 공산당[또는 공산주의]에 반대하고 나라를 되찾다 ― 옮긴이)'을 국가 발전의 핵심 가치로 삼았습니다. 어디선가 들어본 이야기 같지 않나요?

17세기 남명 정부는 청나라에 패배했습니다. 정성공은 대만으로 철수해 그곳을 기지로 삼고 '반청복명'이라는 핵심 목표를 외쳤지요.

두 이야기가 얼마나 비슷한지 알아보기 위해 단어만 살짝 바꿔써보겠습니다.

"정성공은 대명제국, 우리는 중화민국을 고집했다. 정성공은 반청복명, 우리는 반공복국을 외쳤다. 정성공은 네덜란드를 몰아냈고 우리는 일본을 물리쳤다." 이렇게 역사를 대조해보면 이야기가 꼭 맞아떨어지지요.

한편, 1950년 쑨리런孫立人 장군은 입영식의 인사말에서 정성공 이야기를 인용해 신병들을 격려했습니다.

> 300년 전 민족의 영웅 정성공은 대만에서 민족의 생존을 위한 투쟁을 벌인다는 기치를 세웠습니다. 300년 후 우리 동포는 또다시 민족의 생존을 위해 반공항아(反共抗俄, 공산주의에 반대하고 러시아에 항거하다) 투쟁에 뛰어드는데, 이는 300년 이래 처음 있는 중대한 일이 아닐 수 없습니다. 지금 우리 동포는 국가와 민족을 사랑하고 정성공에 의탁했던 수많은 애국지사의 후예입니다. 따라서 오늘날 모든 대만 동포의 핏속에는 전통적으로 국가와 민족을 사랑하는 열정이 넘쳐흐르고 있습니다.

눈치챘는지 모르겠지만, 각도만 살짝 바꿔도 정성공은 항중보대(抗中保臺, 중국 본토에 항거하고 대만을 지키다)라는 가치의 수호자로 변신할 수 있습니다. 2002년 당시 총통부자정(總統府資政, 대만 당국이 세운 고문 성격의 명예직—옮긴이)이던 야오자원姚嘉文은 타이난시에서 열린 '정성공 개대開臺 341주년 문화제' 행사 축사에서 다음과 같이 언급했습니다.

> 341년 전 정성공은 청나라의 통치를 거부하고 대만에 와서 '연평왕국'을 세웠습니다. 이런 역사적 사실은 반드시 복원되어 또렷이 드러나야 합니다. 우리가 선조들이 분투한 과정을 이해해야 한다는 사실은 더 말할 필요도 없겠지요.

정성공은 시대별로 사람들의 입을 통해 계속 새로운 모습으로 부활하고 있는 셈이지요.

요다 가카이의 『국성야토청기』는 1894년에 출판되었습니다. 만약 역사를 조금 알고 있는 사람이라면 대만의 운명이 걸려 있던 1894년 청일전쟁을 금방 떠올릴 수 있을 것입니다. 청일전쟁이 끝나고 이듬해인 1895년 청나라와 일본이 체결한 청·일 강화조약(시모노세키 조약)에 따라 대만은 일본에 할양되어 일본 제국의 첫 식민지가 되었습니다. 다시 말해 일본은 이즈음부터 본격적으로 대만에 대한 야욕을 드러냈습니다. 이런 배경으로 보면 『국성야토청기』에서 정성공과 일본의 연결고리를 끊임없이 강조한 이유도 쉽게 알 수 있습니다.

명나라 말, 충절과 의리로 중국에서 명성이 자자했으며 대만을 지키고 청나라와 전투를 벌인 호걸이 바로 연평왕 주성공이다. 그는 일본 나가사키에서 태어났으며 어머니는 일본의 열녀였다.

일본 통치 시대 교과서는 정성공을 다음과 같이 소개합니다.

황기 2321년, 고사이 천황 재위 기간에 정성공은 대만을 동도東都라 불렀다. 네덜란드인이 세운 성은 승천부承天府로 이름을 바꿨다. 그는 대만을 정비해 섬 전체를 개척했지만, 섬을 차지한 이듬해 성공의 웅대한 계획은 물거품이 되어버렸고, 39세 청년은 한창때 그 땅의 이슬과 함께 사라져 개산왕묘開山王廟에 안치되었다. 이곳은 메이지 시대에 개산신사開山神社로 바뀌었다. 신사 앞의 무성한 수목과 푸르른 나뭇잎이 참으로 아름답구나. 사당에는 성공의 공적과 함께 매화 향기가 풍겨온다.

일본 특유의 낭만이 느껴지는 이 글은 마치 정성공의 팬이 지은 하이쿠(열일곱 자를 한 수로 하는 일본의 정형시, 세계에서 가장 짧은 시로 알려져 있다 — 옮긴이) 같기도 합니다. 첫 행에 나오는 '황기'는 연대를 기록하는 일본만의 방식인데 신화에 나오는 초대 천황인 신무천황이 즉위한 해를 원년으로 계산하며 지금 우리가 쓰는 서기 달력보다 660년 앞섭니다. 황기 2321년은 서기 1661년 정성공이 루얼먼에 상륙해 대만 땅을 밟은 해로 일본에서는 고사이 천황이 재위하던 시기였습니다.

일본 통치 시대 교과서에는 정성공과 중국의 연결고리를 끊는 대신 정성공이 지닌 일본의 멋을 강조했습니다. 특히 이 인용문은 1939년 교과서에 실린 것인데, 중일전쟁이 일어나던 시기와 맞물리지요.

이처럼 시대나 정권에 따라 한 인물에 대한 평가도 천차만별로 달라집니다.

재벌 2세에 버금갔던 정성공의 재력

정치적인 간섭을 배제하고 오로지 역사적인 측면에서 정성공이 가진 배경과 재물을 살펴보면, 그가 재벌 2세와 맞먹을 만큼 부자였다는 사실을 알 수 있습니다.

정성공의 아버지 정지룡은 17세기 동아시아 해역을 주름잡던

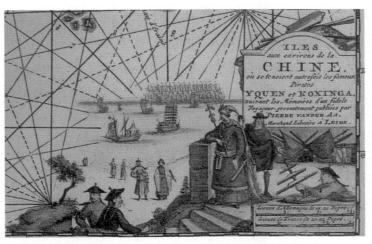

네덜란드인이 묘사한 정지룡 ✦ 그림 가운데 초록색 의복을 입은 인물이 정지룡이다.

패권자였습니다. 당시에는 동아시아 해역 어디서든 정지룡이 소유한 선박을 볼 수 있을 정도였지요. 그는 중국, 마카오, 일본, 필리핀, 베트남, 시암(태국) 등지를 오가며 각국 정부, 상인들과 거래하고 협상했습니다. 무역이 이루어지는 국제무대에서 세력을 떨치던 정지룡은 일어, 포르투갈어, 스페인어를 구사했고, 네덜란드어도 조금 할 줄 알았던 것으로 보입니다. 서양 사람들은 이런 그를 이콴quan이라고도 불렀습니다.

정지룡은 부유한 해상 세력을 기반으로 명나라 정부와 친하게 지냈습니다. 정성공이 열일곱 살일 때 정지룡은 난아오의 총병(명청 시대에 군대를 통솔하고 지방을 지키는 벼슬)을 맡았습니다. 이 직위를 그저 지금의 경찰서장쯤으로 생각하면 안 됩니다. 명나라의 난아오 총병은 푸젠성과 광둥성의 해군 병력 대부분을 통솔하고 관할하는, 동남 해안 일대의 해군 총사령관이었습니다. 정지룡은 이런 군사적 특권과 기존에 있던 무역 선단을 이용해 일본, 대만, 동남아 해외 무역을 완전히 장악했습니다. 그러다 정성공이 스물세 살이 되던 해에 정지룡은 청나라에 투항하고 자신의 모든 해상업도 몽땅 정성공에게 넘겨주었습니다.

정성공이 이어받은 사업의 규모는 얼마나 방대했을까요? 남명 관리의 보고서를 보면 그가 전함 1천 척, 대장 수백 명, 병력 20여만 명을 보유했다는 사실을 알 수 있습니다. 그뿐 아니라 일본, 동남아 각지에서 활동하는 무역선은 필요할 때 언제든지 전함으로 둔갑시켜 전력에 보탤 수 있었습니다. 지금 생각해보면 남명에게 정성공이 필요했던 것인지 정성공에게 남명이 필요했던 것인지 헷갈릴 정도지요.

17세기 초 네덜란드 동인도회사는 중국 연해안에 선원과 병사 1천여 명을 태운 무장 함대 15척을 보냈는데, 이는 당시 회사가 동원할 수 있는 최대 규모의 선박과 인력이었습니다. 네덜란드가 대만을 차지한 후에도 네덜란드 동인도회사가 아시아에서 소유한 선박 수가 40척을 넘지 않은 것입니다. 정성공은 워낙 혈기가 왕성하고 세력도 대단했기 때문에 네덜란드 동인도회사를 비웃으며 이렇게 생각했을지도 모릅니다. '전혀 상대가 안 되는군.' 정성공은 온량공검양(溫良恭儉讓, 온화, 선량, 공경, 절제, 겸양 등 다섯 가지 덕으로, 『논어』에 나오는 공자의 모습을 표현한 말)과는 거리가 먼 인물이었습니다.

정성공은 사절을 보내 안남(지금의 베트남 북부)을 거쳐 윈난으로 가서 남명의 계왕을 알현하려고 했습니다. 그런데 안남의 외교관이 정성공의 사절에게 그 지역을 경유하려면 신하의 예를 갖추라고 요구했습니다. 이는 안남 국왕에게 복종한다는 뜻이었습니다. 그런데 정성공의 사절단은 안남 외교관과 다투며 협조를 거부하고 그 길로 돌아서서 정성공에게 이 사실을 고했습니다. 정성공은 상대방이 일국의 군주라고 해서 물러서지 않고 다음과 같은 명령을 내렸습니다. "앞으로 버릇없는 안남과 거래하는 일은 없을 것이다. 나 정성공은 오늘부로 안남에 경제제재를 실시한다."

정성공이 패기를 드러낸 곳은 안남만이 아니었습니다. 1662년 정성공은 네덜란드를 무찌르고 대만 남부를 통치한 지 얼마 되지 않아 당시 필리핀 마닐라에 본부를 둔 스페인에 사람을 보내 이렇게 말했습니다. "조공 바치러 와! 네덜란드가 얼마나 처참한

꼴을 겪었는지 똑똑히 봤지? 얼른 보호비를 내고 형이라고 불러. 잘하면 동생으로 거둬줄 수도 있어."

계속 변화하는 정성공의 이미지

정성공의 이미지는 목적에 따라 써먹기가 아주 좋습니다. 시공간을 뛰어넘는 영웅의 이미지는 누구라도 새롭게 해석하고 재창조할 수 있기 때문입니다.

2018년에 타이난시 문화국은 과자 업체와 손잡고 정성공 감자칩을 출시했습니다. 과자 포장지에는 정성공이 감자칩 한 봉지를 품에 안은 채 오른손으로 록 가수 같은 제스처를 하고 있는데, 이는 반청복명의 이미지를 완전히 뒤엎는 것이었습니다. 이후 맥주 공장과 함께 출시한 성공 맥주에서는 정성공이 "꼭 성공한다定要成功"라는 문구가 인쇄된 맥주를 손에 들고 살짝 취한 듯 발그레한 뺨으로 이렇게 말합니다. "마이 웨이My Way, 맛 좋다!" 기존의 역사적인 이미지를 완전히 뒤엎은 덕인지 두 상품은 큰 반향을 일으켰고, 지금까지도 타이난을 찾은 관광객들이 즐겨 구매하는 기념품으로 자리 잡았습니다.

저의 고향은 이 장 서두에 언급했던 타이난의 카이산루입니다. 매일같이 정성공의 사당을 보고 그의 영웅담을 들으며 자랐지요.

어린 시절에 정성공은 역사 교과서에만 나올 법한 인물이었고, 의연한 자태로 우리 생활 주변에서 동상으로 우뚝 선 채 우리를 지켜보고 있었습니다. 그런 그가 친근한 광고 모델이 되기까지 시간이 어떻게 흘러갔는지 모르겠습니다. 우리 나이가 어느덧 정성공이 이 세상에서 보낸 세월보다 많아지려고 합니다. 우리는 정성공보다 더 충실한 인생을 살고 있을까요? 정성공은 39세에 세상을 떠났지만, 역사적 해석을 통해 그의 생명은 끝없이 연장되고 있습니다. 우리가 살아 있는 동안 얼마나 더 새로운 정성공이 탄생할지 함께 지켜봅시다.

한 걸음 더 **연평왕국(동녕국, 정씨왕국)**

1661년 정성공이 대만을 점령했던 네덜란드를 몰아내면서 세운 최초의 한족 국가입니다. 1683년 청나라에 합병되기 전까지 대만 남부를 다스리면서 영국, 일본, 동남아시아의 여러 나라와 교역을 실시했습니다. 정성공이 대만을 '도동'이라 불렀던 것을 그의 아들인 정경이 '동녕'으로 개명해 다스렸는데 이때 산업이 크게 발전했습니다. 정경은 남명의 요청에 따라 중국 본토를 정벌하러 나섰다가 패배하고 1680년에 푸젠과 광둥 지역을 넘겨주게 됩니다. 이후 반란으로 왕국의 자리에 오른 정성공의 손자인 정극상이 청에 항복하면서 왕국은 막을 내립니다.

2부

청나라
통치 시대

1683~1895

4장

한족은 왜 목숨을 걸고 대만에 왔을까?

청나라에서 온 한족 이민자

꿈을 위해 돌진한다는 걸 알 만한 사람은 다 아네.

흑수구에 뛰어들 자신이 없는 자는 괜히 거기 서서 화내지 마라.

아내와 가족은 잠시 맡겨두라고 객두가 말하네.

그러고는 잠시 소식이 없네.

—대만으로 건너온 이민자들의 노래(각색)

꿈을 위해 돌진하려고 배에 올라본 적이 있나요? 한족 중에 그런 용감한 사람들이 있었습니다. 이번 장에서는 이들이 대만으로 건너오게 된 역사를 한번 살펴보겠습니다.

1683년 강희제는 시랑施琅을 보내 대만을 공격했는데 당시 고작 열두 살이던 정극상(정성공의 손자)은 오래 버티지 못하고 청나라에 항복하며 연평왕국(동녕국)의 마지막 군주가 되었습니다. 그런데 정씨왕국을 없앤 강희제는 새로운 고민에 빠졌습니다. 나라 밖에 혼자 뚝 떨어져 있는 이 작은 섬을 청나라의 영토로 편입시켜야 하느냐 마느냐 하는 고민이었습니다.

어떤 신하는 솔직하게 직언했습니다. "대만은 땅도 작고 야만인이 득시글거립니다. 부디 이 귀도鬼島를 통치하는 데 돈을 낭비하지 마십시오! 섬에 있는 한족도 모조리 내륙으로 이주시키고 대만은 그냥 내버려둡시다."

이 의견에 전혀 동의하지 않는 신하도 있었습니다.

푸젠의 총독 요계성의 생각은 이러했습니다. '공격하기도 어렵고 지키기도 어려운 대만을 어렵사리 차지했는데, 거기에 있던 한족들을 다시 빼내고 이 땅을 포기한다면 다른 해적들이 금세 그 지역을 차지해서 동남해안의 후환이 될 테니, 무슨 일이 있어도 대만을 청나라 영토로 편입해야 한다.' 대만 공격을 책임졌던 시랑도 대만을 청의 영토로 남겨둬야 한다고 강력히 주장했습니다. 그는 대만이 청나라 동남 지역 국방의 중요한 방어막이고, 사탕수수와 꽃사슴을 비롯한 자원이 풍부해 만만치 않은 경제적 가치를 지니고 있다고 여겼습니다.

강희제는 고심 끝에 최후의 결단을 내렸습니다. "좋다! 우리 대만을 우리 대청의 나라로 편입한다!" 이로써 대만은 청나라의 영토로 편입되어 푸젠성 관할 구역이 되었습니다.

그런데 문제는 강희제가 천고황제원(天高皇帝遠, 중앙 권력이 먼 지역까지 미치지 않아 지방 토호의 횡포가 심하다는 뜻으로, 여기에서는 멀어서 관리가 힘들다는 의미에 가깝다—옮긴이)인 대만을 열심히 다스릴 마음이 없었다는 점입니다. 자금성에 사는 그에게 대만은 외져도 너무 외진 변방의 작은 섬일 뿐이었습니다. 중앙에서 바라는 것은 오직 하나, 대만에서 아무도 분란을 일으키지 않는 것뿐이었습니다. 제2의 정성공, 반청복명을 부르짖는 역적만 없으면

청나라 통치 시대 대만의 지도 ◆ 청나라는 강희제가 통치하던 17세기에 대만을 청나라 영토로 편입했다.

그만이라는 마음이었지요.

　그래서인지 그는 단순하게 생각했습니다. '대만 도처에 널린 사탕수수며 여기저기 뛰노는 꽃사슴에는 욕심이 나지만, 대만인이 우리더러 오라고 하는 건 용납할 수 없다. 대만에 사는 사람은 적으면 적을수록 좋다. 사람이 적을수록 관리하기도 쉽고 말썽도 덜 일으킬 것이다.'

　청나라 정부는 대만에 거주하는 인구를 효과적으로 관리하기 위해 한족의 대만 이주를 엄격하게 제한했습니다. 이를 소위 '도대금령(渡臺禁令, 대만 입경 금지령)'이라고 하는데, 여기에는 총 세 가지 조건이 있었습니다.

첫째, 대만에 가려면 허가증을 신청하고 정부의 엄격한 심사 비준을 받아야 한다.

둘째, 식솔 등 동행인 없이 혼자서만 가야 한다.

셋째, 광동성 사람은 갈 수 없다.

이 세 가지 규칙에 어떤 문제점이 있는지 발견하셨나요?

첫 번째 규칙부터 살펴봅시다. 대만에 오려면 허가증을 신청해야 한다는 조건은 오늘날 출국할 때 여권이나 비자를 발급받아야 하는 것과 비슷합니다. 이를 위해서는 비용이 들 뿐 아니라 정부의 이런저런 심사와 절차를 기다려야 합니다. 심지어 오래 기다려도 심사에서 통과된다는 보장도 없습니다. 돈이나 시간을 들여야 할 뿐 아니라 성공을 장담할 수도 없는데 누가 선뜻 이를 신청하고 싶어 할까요?

두 번째 규칙은 선뜻 이해되지 않습니다. 혼자서만 대만에 갈 수 있다니…. 마치 이렇게 말하는 것 같습니다. "그래. 너 대만 간다며? 갈 테면 가봐! 혼자 외롭게 얼마나 오래 버틸 수 있는지 보자. 언제까지 집 생각이 안 날 것 같아? 얼마나 오랫동안 집에 안 가고 버틸 수 있겠냐고. 중국의 아들딸들은 결국 조국의 품으로 돌아와야 하잖아. 힘들게 대만에 가봤자 그렇게 오래 머무를 수도 없다니까!"

심지어 세 번째 규칙은 누가 봐도 명백한 지역 차별입니다. 광둥 지역은 예로부터 해적이 활발하게 활동하던 곳이었습니다. 무엇보다 예전에 정성공과 함께 반청복명 운동을 벌였던 이들이 바로 광둥 출신 사람들이었습니다. 청나라 정부는 이들에게 편견을 가지고 있을 수밖에 없었지요.

이렇게까지 대만으로 가는 걸 금지했건만, 오히려 대만으로 가려는 사람들은 점점 더 많아져 걷잡을 수 없게 되었습니다. 도대체 왜일까요?

바로 꿈 때문입니다. 그들은 꿈을 향해 돌진했습니다. 그만큼 대만은 새로운 기회로 가득 찬 땅이었습니다.

꿈을 위해 떠난 밀항자들

청나라 정부가 이토록 반대하는데도, 위험을 무릅쓰고 대만에 오려 했던 사람들은 대체 누구였고, 무슨 생각을 했던 것일까요? 그들은 대만으로 건너오면서 어떤 일들을 겪었을까요?

청나라 시대에 대만으로 건너간 한족은 주로 푸젠성과 광둥성 출신이었습니다. 이 두 성은 산이 많고 경작지가 부족했습니다. 그러다 보니 농사로는 배불리 먹고살기 어려웠고, 바다에서 먹을 것을 찾아 생계를 이어가는 사람들이 많았습니다. 또는 물고기를 잡거나 파는 일을 그만두고 아예 고향을 떠나 새로운 삶을 시작하는 사람도 있었습니다. 당시 대만은 땅이 넓고 사람이 적어 토지를 개간하거나 일자리를 얻기 좋은 기회의 섬이었습니다. 사람들은 앞길이 막막한 고향에 머무느니 차라리 용감하게 바다를 건너 살길을 찾는 게 나을지도 모른다고 생각했지요.

더군다나 대만은 푸젠성에서 그리 멀지도 않습니다. 순풍이 불면 배를 타고 하루 만에도 도착할 수 있었지요. 그만큼 대만 이주는 인생에 날개를 달고 싶은 사람이라면 한번 모든 걸 걸고 돌진할 만한 가치가 있는 일이었습니다.

샤먼대학교 천즈핑陳支平 교수는 푸젠성 후이안 출신으로, 민난인의 특성을 연구한 적이 있습니다. 그는 민난인이 정통 한족보다 상대적으로 해양적 기질이 강하고 부富를 추구하며 위험을 무릅쓰고 도전하는 성향이 있다고 보았습니다. 내게는 이것이 민난인에게 다소 낭만적인 도박꾼 기질이 있다는 말로 들립니다.

확실히 대만에 오는 길은 멀고도 험했습니다. 대만에서 푸젠성까지 최단 거리가 130킬로미터 정도밖에 안 되기 때문에 이론적으로는 순풍이면 금방 도달할 수 있습니다. 그런데 양쪽 해안 사이에 놓인 대만해협은 절대 만만한 곳이 아니었습니다. 예로부터 전해 내려오는 기록마다 대만으로 가는 바닷길이 언급되어 있는

푸젠성과 대만섬 사이에 있는 펑후 제도와 펑후 해구 ✦ 펑후 지역은 오늘날에도 비행기 사고가 잦아 '대만의 버뮤다'로 불리기도 한다.

데 가장 위험한 곳이 바로 '흑수구'였습니다. 『대만현지臺灣縣志』는 "여러 바다 중에서 가장 위험하고 끝을 모를 만큼 수심이 깊은 데다 바닷물이 먹물처럼 시커멓고 물살이 거세다"라고 흑수구의 위험성을 묘사했습니다. 어떤 문인은 흑수구를 이렇게 기록했습니다. "(흑수구는) 바다 건너 대만으로 가기 위해 거쳐야 하는 가장 위험한 곳이다. 물이 검게 보일 만큼 수심이 깊어서 바람에 의지하지 않으면 오도 가도 못하게 된다."

오늘날 해양 과학 연구에서는 흑수구가 평후 제도와 대만 사이에 있는 평후 해구라고 보는 견해가 대부분입니다. 이곳은 수심이 대략 100~200미터 정도로 남쪽은 폭이 넓고 북쪽은 폭이 좁은 해구인데, 암초가 많고 소용돌이가 잦습니다. 대만해협에서 가장 물살이 센 지역으로, 물살이 가장 빠를 때는 초속 4미터에 달하지요. 거센 물살에 침전물이 잔뜩 딸려 가기 때문에 바닷물에 햇빛을 반사하는 물질이 줄어서 광선이 바다 깊은 곳까지 침투할 수 있습니다. 이런 이유로 우리 눈에 바닷물이 먹물색에 가까운 진한 암청색을 띠어 '흑수구'라는 이름이 붙었습니다.

범선 시대에는 나무 선박으로 항해하다 흑수구에 닿으면 거센 물살에 휩쓸려 방향을 잃거나 배가 뒤집혔습니다. 조난하는 일이 비일비재했고 이민자들은 꿈의 날개를 달기도 전에 바다에서 영영 목숨을 잃기도 했습니다.

운 좋게 조난을 피했다고 해도 밀항이라는 게 어디 그렇게 쉬운 일이던가요? 세상은 냉혹했습니다. 청나라 시대에 밀항 업무를 맡은 책임자를 '객두客頭'라고 불렀는데 이 객두는 밀항자에게서 돈을 벌어들일 궁리만 하고, 그들의 생사에는 아무런 관심이

정크선 ◆ 대만에 오는 청나라 이민자들이 주로 이용했던 목조선박이다.

없었습니다.

배가 무사히 흑수구를 건너면 정박해서 대만 상륙을 준비해야 하는데, 시설이 완비된 항구에는 정부 관원들이 밀항자들을 일망타진하려고 기다리고 있을 게 뻔했습니다. 그래서 객두는 일부러 구석진 항구를 찾아 해안과 어느 정도 떨어진 사주(바다에 토사가 퇴적되어 형성된 넓은 육지)에서 사람들에게 말했습니다. "귀빈 여러분, 저희는 무사히 대만섬에 도착했습니다. 배에서 내리실 때는 잊으신 물건이 없는지 확인해주십시오. 저희 '소파선(작고 부서진 배)' 해운을 이용해주신 귀빈 여러분께 감사드리며, 하시는 모든 일이 잘되기를 기원합니다. 앞으로 멋진 시간 보내시길 바라며 다시는 여러분을 만나지 않기를 기대합니다."

설령 다시 만나자고 말했더라도 실제로 그럴 일은 없었습니다. 어리숙한 밀항자들은 영문도 모르고 사주로 발을 디뎠지요. 객두는 밀물로 바닷물이 꽉 차오를 때까지 기다렸다가 몇 초 만에 사람들을 내보냈는데 이를 '방생' 혹은 '미끼'라고 불렀습니다. 밀항자들 중에는 물에 빠지거나 몇 걸음 걷지도 못한 채 사주 진흙에 발이 빠져 머리만 남겨두고 온몸이 아래로 가라앉는 사람도 있었습니다. 그 모습이 마치 밭에 심은 토란 같아서 '토란 심기'라고 부르기도 했습니다. 그러니 이런 슬픈 노래가 쓰인 것도 무리는 아닙니다. "그대에게 권하노니 부디 대만에 건너가지 마오. 대만은 귀문관(귀신이 드나드는 문으로 위험한 곳이나 생사의 갈림길을 의미)과 같아서 천 명이 가도 돌아오는 사람 없고 죽었는지 살았는지 알 길이 없다오."

섬에 무사히 도착했다고 해도 대만에서 살아가는 일 역시 만만치 않은 엄청난 도전이었습니다.『대만부지臺灣府志』에는 이렇게 기록되어 있습니다. "지금의 가오슝 이남부터 핑둥 등지까지는 이렇게까지 더울 수 있나 싶을 정도로 덥다. 그런데 밤에는 또 쌀쌀해서 체온 불균형이 생기기 쉽다. 게다가 어디를 가든 습열울증溽熱鬱蒸을 일으키는 장기(瘴氣, 산천의 악한 기운)가 있어 자칫하면 병에 걸린다."

1684년부터 1707년(강희 23년~46년)까지 평산현에서 단수이로 간 순검(오늘날 핑둥 완단, 둥강 일대를 관리하는 경찰서장에 해당한다)이 아홉 명 있었는데, 무사히 퇴직을 신청해 중국 본토로 돌아간 한 명을 제외하고 나머지 여덟 명은 재임 중에 사망했다는 기록도 있습니다.

"열 명이 가서 여섯 명이 죽고 세 명이 남았으며 한 명이 돌아왔다." 이 말은 단지 대만으로 가는 길이 고생스러웠음을 나타내는 비유적 표현이 아니라 꿈을 가지고 대만으로 건너갔던 이주민의 현실이었던 셈입니다.

밀항자들을 기다린 다음 난관

이 모든 어려움을 이기고 대만에 정착한 사람들은 가히 '하늘이 택했다'라고 할 정도로 운이 좋은 사람들이었습니다. 하지만 이 모든 단계를 힘겹게 버텨낸 사람들 앞에는 또다시 먹고살기라는 다음 난관이 기다리고 있었습니다.

대만의 땅은 딱 두 종류로 나뉘었는데, 원주민이 소유한 번지 아니면 주인이 없는 땅이었습니다. 그런데 주인이 없는 땅이라고 해서 아무나 개간해도 된다는 뜻은 아니었습니다. 주인 없는 땅을 개간하려면 반드시 그 땅이 속한 현縣 정부에 먼저 개간하고 싶은 땅의 위치와 범위, 동서남북 경계선을 확실하게 보고하고 허가를 받아야 했습니다.

그러면 전문 관원이 실제로 그곳에 가서 조사를 진행합니다. 다른 사람이 이미 개간한 땅은 아닌지, 원주민의 세력 범위를 침범하지는 않았는지 살펴보기 위해서입니다. 그런 다음 신청서를 제출한 사실을 수개월간 공고하고, 이의 제기를 하는 사람이 없다는 걸 확인하고 나서야 '개간 허가증'을 발급해주었습니다. '개간 허가증'을 받은 사람들은 비로소 안심하고 개간을 시작할 수 있었지요.

잠깐! 개간 허가를 받았다고 섣불리 덤벼들어서는 안 됩니다. 황무지를 경작할 수 있는 농경지로 바꾸는 데는 어마어마한 노력이 필요하기 때문입니다. 혼자 학교 운동장을 농사용 땅으로 개조한다고 생각해보세요. 이 얼마나 힘든 작업이겠습니까!

가장 먼저 황무지에 있는 풀과 나무를 죄다 뽑아야 합니다. 땅에 불을 질러 태우는 것으로는 부족합니다. 쟁기로 기존에 심은 식물 뿌리를 완전히 제거한 뒤 땅을 깊게 파서 갈아엎어야 하지요. 초목을 태우고 남은 잿더미 위에, 땅을 갈아엎어서 나온 흙을 덮으면 땅이 비옥해집니다. 그런 다음 땅을 고르고 도랑을 팝니다. 토지 배수에 문제가 없는지 확인까지 하고 나면 비로소 씨를 뿌리고 경작할 수 있는 땅이 됩니다.

초반에는 이 땅 저 땅 모두 개간하겠다고 신청을 해대니 개간해야 할 땅의 면적이 너무 컸습니다. 아직 기계가 보편화되지 않았을 때라 토지를 개간하려면 엄청난 노동력이 필요했는데, 누군가에게 도움을 청하지 않으면 혼자 소처럼 일만 하다 죽을 수도 있었지요. 게다가 개간할 때 필요한 쟁기, 써레, 호미, 삽 같은 농기구와 부림소(밭갈이소), 종자를 사려면 돈이 필요했습니다. 아직 수입이 없는 이민자들이 토지 개간에 들어가는 비용을 어떻게 감당했을까요?

청나라에서 온 한족은 대만에서 황무지를 개간하면서 자본을 한데 모을 수밖에 없었습니다. 그러니 황무지를 개간해서 먹고살 만한 땅을 만들기 위해서는 파트너가 꼭 필요했지요.

1709년 주뤄현 정부는 간호(墾號, 청나라 시대에 주인 없는 땅을 합법적으로 개간한 한족 단체) '진뢰장陳賴章'의 타이베이 분지 개간을 허가했습니다. '진뢰장'을 사람 이름으로 착각해서 한 사람이 개간을 했다고 생각하면 안 됩니다. 그 당시 개간 허가증을 보면 '진뢰장'이 단체(조합)라는 사실을 알 수 있습니다. 진천장, 진봉춘, 뇌영화, 진헌백, 대천추 다섯 명이 모여 함께 신청서를 제출한 것입니다. 당시 이 다섯 명은 말도 안 되게 큰 땅의 개간을 신청했습니다. 동쪽으로는 지금의 융허, 중허, 서쪽으로는 바리, 관두, 남쪽으로는 린커우 대지(고도가 높고 넓은 평탄한 지형) 동쪽 가장자리, 북쪽으로는 위안산까지 오늘날 타이베이 분지의 대부분을 아우르는 면적이었습니다. 하지만 인원수가 적어서 실제로 개간한 면적은 50여 갑(1갑은 약 1,000제곱미터로 50갑은 약 48만 5천 제곱미터)였습니다.

한족끼리만 협력해야 했던 것이 아니라, 가끔은 현지 원주민과도 교섭해야 했습니다. 예를 들면 광둥성 차오저우 출신인 장다징은 타이중 땅을 개간할 때 현지 핑푸족 안리서와 서로 조건을 내걸었습니다. "너희가 나한테 개간할 수 있는 번지(원주민의 땅)를 주면 내가 책임지고 한족들 데려다가 도랑도 만들고 관개 기술도 알려줄게." 이것이 바로 그 유명한 '할지환수(割地換水, 땅을 떼 주고 물을 얻는 것)'입니다.

한족과 원주민이 협력하면서 서로 신뢰가 생기자 장다징은 '장진만'을 세우고 친한 사람들과 함께 투자해 여섯 농가를 이루었습니다. 이후 관개용 도랑을 만들어 다자(타이중에 있는 소도시)의 시냇물을 끌어다 썼는데, 관개 면적이 지금의 펑위안, 선강, 탄쯔, 다야, 우르 일대까지 두루 걸쳐 있었습니다. 건륭 연간에 이르러 '장진만'은 3천여 갑에 달하는 황무지를 좋은 농토로 개발하고 더 많은 한족을 끌어들여 개간 면적을 확대했습니다. 장다징 본인도 타이중 분지에서 엄청난 대지주가 되어 경제적 자유의 꿈을 실현했습니다.

한편 한족이 대거 들어와 눌러앉으면서 '땅을 떼 주고' 물을 얻은 핑푸족은 생활 공간이 갈수록 좁아졌습니다. 원래는 핑푸족의 땅이었으니 한족이 그들의 눈치를 봐야 하지만 현실은 그렇지 않았습니다. 오히려 타이중 분지 전체가 한족으로 가득했지요. 핑푸족은 땅을 떼 주고 수적으로도 한족에게 밀려 한을 품고 타이중을 떠났습니다.

경제적 이익을 얻는 사람이 있으면 반대편에서 조용히 눈물짓는 사람들도 있다는 사실을 우리는 잊지 말아야 합니다. 사회는 언제나 그렇듯 불공평하고 정의롭지 않으니까요.

기껏 위험을 무릅쓰고 왔더니 노숙자 신세라고?

초기에 대만으로 건너오려던 사람 가운데에는 일찌감치 조난해 세상을 떠난 사람이 있는 한편, 남보다 일찍 황무지를 개간하고 선점해 거대한 땅을 손에 넣은 사람도 있었습니다.

그런데 대만에 오는 사람이 늘면서 개간 속도가 대만의 인구 증가 속도를 따라잡지 못해 경작하라고 줄 만한 땅이 없어졌습니다. 게다가 당시 대만은 이민자들의 황무지 개간으로 발전하던 중이라 비교적 상공업이 발달하지 못했습니다. 씨를 뿌릴 땅도 없고 마땅한 일자리나 가정을 꾸릴 아내도 없으니 수많은 사람이 '나한각羅漢脚'으로 전락했습니다.

나한각은 간단히 말해 가족과 아내, 땅, 집, 고정적인 일자리 등 가진 것 하나 없이 그저 매일 거리를 어슬렁거리며 할 일을 찾다가 밤에는 길바닥에 누워 잠드는 노숙자라고 할 수 있습니다.

나한각은 걸핏하면 패싸움을 벌여 말썽을 일으켰습니다. 고정적인 수입이 없으니 옳고 그름을 따지지 않고 절도, 강도, 도박에도 손을 댔지요. 나한각은 대만의 양아치라고 해도 무방할 정도였습니다.

나한각들도 처음에는 서로의 처지에 공감하며 서로를 아끼고 동정했습니다. "너도 힘들고 나도 힘드니 같이 힘내서 잘 살아보자. 집에서는 부모에게 의지하고 밖에 나가서는 친구에게 의지하라는 말도 있잖아!" 그렇게 나한각들은 서로 의형제를 맺고 중대한 일이 있을 때마다 응원하며 도왔습니다. 좋은 일은 같이 기뻐하고 힘든 일은 같이 짊어졌지요.

나한각뿐 아니라 대만에 있는 다른 한족도 마찬가지였습니다. 대부분 혈혈단신으로 대만에 온 사람들이었고, 운이 좋았던 덕분에 대만에 무사히 도착해 혜택을 누렸다고 생각했기 때문입니다. 가족이나 친구도 없어서 낯선 사람들끼리 서로 돕고 보살필 수밖에 없었습니다. 과거 자료를 쭉 살펴보면 대만의 이민 개척 사회에서는 누군가 병이 나거나 장례를 치르면 마을 사람들이 저마다 소매를 걷어붙이고 나서서 도와줬다는 사실을 알 수 있습니다. 이들은 낯선 사람이라도 집에 와서 하룻밤만 재워달라고 청하면 따뜻하게 환대했습니다.

연구에 따르면 서양이나 전통적인 중국 사회에서는 대개 본업 없이 거리를 떠도는 유랑자들을 사회 치안을 해치는 위험인물로 간주했습니다. 유랑자들은 사람들에게 차별 대우를 받을 뿐 아니라 지역 사회에서도 배척당했습니다. 그런데 청나라 시대 초기에 대만 사람들은 유랑자를 기꺼이 받아들이는 태도를 보였습니다. 경제적으로 문제가 생긴 사람이 있으면 십시일반 돈을 모아 난관을 극복하도록 도와주었지요.

요즘 대만에서는 "대만의 가장 아름다운 풍경은 사람이다"라는 말을 자주 합니다. 대만 사회가 낯선 사람에게 다정하고 친절한 것은 각고의 노력 끝에 대만에 와서 함께 어려움을 헤쳐 나간 역사에서 비롯한 것일지도 모릅니다.

한 걸음 더 | 본성인과 외성인

대만 인구의 약 98%를 차지하는 한족은 다시 본성인과 외성인으로 나눌 수 있습니다. 본성인은 국공내전 이후 국민당이 대만에 내려오기 전부터 대만으로 이주해 살고 있었던 사람들로 대만 전체 인구의 약 80%를 차지합니다. 이들은 주로 명나라와 청나라 때 푸젠성에서 대만으로 이주한 사람들과 그의 후손들이었습니다. 외성인은 주로 국공내전 이후 장제스가 대만으로 내려올 때 함께 건너온 사람들을 가리킵니다. 본성인과 외성인은 모두 한족이지만, 2·28 사건을 계기로 외성인을 중심으로 한 중화민국이 계엄령을 선포하고, 본성인을 억압하는 등 역사 속에서 많은 갈등을 겪었습니다.

5장

당신이라면
무엇을 믿으시겠습니까?
한족의 종교 신앙

제2차 세계대전 말 미군이 대만의 여러 마을을 폭격했다.
어느 날 미군 조종사는 구름 속에 서 있는 한 여성을 보았다.
그녀는 폭격기를 치마로 덮었고, 폭탄은 바다에 떨어졌다.
대만의 신, 마조가 대만을 폭격에서 구한 것이었다.

─민간에 전해지는 '마조 전설' 중에서

대만에 오는 외국인들은 도시 곳곳에 있는 편의점을 보면서 감탄
합니다. 거리마다 편의점이 있어서 언제든 필요한 물건을 살 수
있으니 생활하기 편하다는 것이지요.

하지만 모르는 말씀입니다. 사당에 비하면 편의점은 새 발의
피입니다. "도처에 널려 있다"라고 말하려면 대만의 사당(묘당)
정도는 되어야 합니다. 사당이 얼마나 많은지 발길 닿는 대로 어
디서나 참배할 수 있을 정도니까요. 대만에서는 신령이 머리 위
에서 지켜보고 있다는 말도 빈말이 아닙니다. 길 건너 30미터만
가도 천지신명이 있는 곳에 도착할 수 있기 때문이지요.

실제 자료를 보면 2021년 말을 기준으로 4대 편의점의 총 점포 수는 모두 12,537개입니다. 한편, 대만 내정부 통계에 따르면 2021년 대만에 등록된 사당과 교회의 수는 총 15,183개에 달합니다. 가령 사당 하나가 신 하나에 해당한다면, 평균적으로 한 신이 대만인 1,500명을 돌보고 있다는 말이지요.

사람들은 왜 종교를 가질까요? 어딘가에 마음을 의지하면서 위로를 얻고, 인생의 고비를 만날 때 정신적인 피난처를 얻기 위해서 아닐까요? 예를 들어 시험이 코앞에 닥친 학생들은 '부처 다리'를 껴안고 문창(文昌, 문창제군을 의미하며 대만에서 학업을 관장하는 신으로 섬긴다 — 옮긴이)에게 절하며 어떻게든 신명의 기운을 받아 마음의 평안을 얻으려 하지요. 그렇다면 수많은 사당이 있는 나라, 대만은 심신과 영혼이 연약해서 늘 천지신명에게 기대야 하는 집단이라는 뜻일까요?

어느 정도 그런 면도 있습니다. 앞에서 소개한 것처럼 초기에 흑수구를 건너 대만을 개척한 이민자들은 하나같이 과감하게 돌진하는 열정적인 사람들이었습니다. 그렇다고 두려움이 없었다는 뜻은 아니지요. 그들은 조난해 물귀신이 되지는 않을까, 전염병에 걸리거나 홍수와 가뭄으로 농사를 망치지는 않을까, 생번(生番, 청나라에 동화되지 않은 대만 원주민)한테 머리를 잘리지는 않을까 늘 두려워

문창제군 ◆ 대만의 여러 신 중 학업을 관장하는 신이다.

했습니다. 살아서 두 다리 쭉 펴고 편히 잠들고 싶었던 이주민은 대만에 와서 겪은 갖가지 시련 탓에 종교에 의지할 수밖에 없었고, 종교는 대만을 개척했던 한족의 일상에서 없어서는 안 될 마음의 안식처가 되었습니다.

이들은 편안한 항해를 기원할 때는 바다의 여신 마조媽祖에게, 전염병에 걸릴까 봐 걱정될 때는 역병의 신 왕야王爺에게, 풍작과 평안을 바랄 때는 토지신인 토지공土地公에게 빌고 또 빌었습니다. 심지어 불행하게 죽은 고혼(孤魂, 의지할 데 없이 외롭게 떠다니는 넋)에게 가위에 눌리지 않게 해달라고 간청하는 유응공有應公 신앙도 있었지요.

신령에 대한 기대와 간구는 한족 이민자들이 개간한 발자취를 따라 남에서 북, 서에서 동으로 번지면서 사당 건축으로 이어져 점차 대만 전역으로 확대되었습니다.

마조, 바다의 여신에서 만능 천후로

대만 다자에서 열리는 마조 참배 행사는 2009년 유네스코 세계 무형문화유산으로 등재되었습니다. 《디스커버리》 채널이 선정한 세계 3대 종교 축제로 이슬람교의 메카 성지순례, 천주교의 바티칸 성탄 미사와 함께 나란히 이름을 올리기도 했지요.

대체 이 여신에게 얼마나 대단한 매력이 있길래 그럴까요? 삼월풍마조三月瘋媽祖라는 말이 있을 정도로, 매년 음력 3월이 되면 수많은 신도가 가마를 에워싸고 걸어가는 모습을 볼 수 있는데,

그 행렬은 몇 킬로미터나 이어집니다. 수행하는 참배자와 길 양쪽으로 늘어서서 마조를 환영하는 현지 주민들이 더해져 코로나 19 사태가 터지기 전에는 매년 이 행사에 참여하는 사람이 백만 명을 넘길 정도였습니다.

백만 명 이상이 우러러보는 이 대만 최고의 여신은 사실 중국 푸젠성 푸텐의 메이저우섬에서 시작되었습니다. 메이저우섬은 면적이 16제곱킬로미터밖에 안 되는 작은 섬으로 주민들은 어업으로 생계를 유지했습니다. 본명이 린모林默인 마조는 살아 있을 때, 해안에서 위험에 처한 어민을 구해줬다고 전해집니다. 도를 닦아 승천한 후 자비에 뜻을 품은 마조는 자주 모습을 드러내 파도를 잔잔하게 하고 안개를 걷으며 태풍의 진로 방향을 바꾸었습니다. 이렇듯 그녀가 끊임없이 기적을 베풀다 보니 푸젠성 연안의 선원이나 어민들은 조난했을 때도 '마조여, 굽어 살펴주십

〈마조성적도媽祖聖跡圖〉 ✦ 붉은 옷을 입은 바다에 모습을 드러낸 마조(암스테르담 국가박물관 소장).

시오'라고 마음속으로 생각하면 위험에서 벗어나 무사히 귀항歸航할 수 있다고 믿었습니다.

신통하고 전설 같은 이야기가 워낙 많아서 그런지 조정에서도 마조 신앙을 점점 더 중요하게 생각했습니다. 송나라 시대부터 마조의 지위는 갈수록 높아져 '천비天妃'에서 '천후天后'로 격상했고, 청나라 함풍제咸豐帝 연간에는 마조의 정식 명칭이 '국비민묘령소응굉인보제복우군생성감함부현신찬순수자독호안란리운택담해우넘파선혜도류연경정양석지은주덕부위조보태진무수강천후지신'으로 무려 64글자에 달했습니다. 엄청나지요?

대만의 '국민 여신' 마조는 위대할 뿐 아니라 아주 친근한 신이었습니다. 만약 바다에서 아주 위급한 상황을 만났을 때 마조를 정식 봉호封號로 부르지 말라는 청나라 시대 문인의 기록이 있습니다. 64글자를 외울 필요도 없고 '천후'라고도 부르지 말라는 것입니다. 그냥 바로 "마조"라고 외치면 됩니다. '마조'는 푸젠성 사람들이 여성 연장자를 친근하게 부르는 호칭이었습니다. 당신이 "마조"라고 외치기만 하면, 당신을 가족처럼 여기는 마조가 자고 있다가도 벌떡 일어나 당신을 구한다고 합니다. 그런데 당신이 너무 예의를 갖춰서 "하늘에 계신 성모, 천후여, 어서 와서 저 좀 구해주십시오!"라고 외치면, 마조도 황제가 하사한 봉호에 부합하기 위해 열심히 몸단장을 하고 정식 복장으로 갖춰 입은 후에야 문을 나선다고 합니다. 마조가 몸치장을 하느라 시간을 보내버리면 당신은 어떻게 될지 뻔하지요.

어떤가요? 꽤나 사랑스러운 신 아닌가요? 마조는 한족 이민자들이 위험천만한 대만해협을 안전하게 건너오도록 보호해주는 가장 중요한 수호신이었습니다. 그러다가 자비롭고 선량했던 마조가 다른 소원도 이루어지게 도와주었던 것이지요. 대만 사람들에게 닥치는 끝없는 고난 속에서 마조의 능력 또한 하나둘 늘어났고, 그녀는 항해의 여신에서 다양한 일을 처리하는 만능 천후로 변신했습니다.

대만의 역사 기록을 보면, 사람들은 가뭄을 만났을 때도 마조에게 비를 내려달라고 간구했습니다. 마을에 소란을 일으키는 도둑이 있을 때도 마조에게 난리를 평정해달라고 간청했지요. 마조는 청나라가 일본에 대만을 할양할 때 항일 행렬에도 가담했습니다. 제2차 세계대전 당시 미군이 대만을 공습했을 때도 어김없이 대만을 도와주었습니다.

마조는 그야말로 도움을 청하는 소리를 듣고 어려움에 처한 사람들을 돕는 대만 최고의 신입니다.

왕야, 역병의 신에서 방역의 신으로

'왕야王爺'라는 이름을 들으면 어쩐지 패기와 존귀함이 동시에 느껴집니다. 일부 지방에서는 생전에 위세를 떨친 영웅적 인물을 숭배했는데, 그 영웅이 죽은 뒤 신격화되어 사람들이 모시는 왕야가 되었기 때문입니다. 그런데 대만 민간 신앙에서 믿는 왕야는 대부분 역신, 다시 말해 질병을 퍼뜨리고 재난을 초래하는 역병의 신 계통에 속합니다.

대만은 열대와 아열대 기후에 속하며 날씨가 무덥고 습해서 대류에 사는 한족은 줄곧 대만을 '장려(瘴癘, 덥고 습한 지역에서 생기는 열병, 풍토병)의 땅'으로 간주했습니다. 바다를 건너 무사히 대만에 도착한다 해도 대만 도처에 판치던 말라리아, 콜레라, 장티푸스 같은 질병을 피하기 어려웠지요. 하지만 고대 사람들에게는 세균이나 바이러스라는 개념이 없었고 민간 신앙에서는 역신, 귀살(鬼煞, 원래 원시림이나 황야에서 생활한 고아나 외로운 넋을 의미하다가 이후 미신의 대상이 되었다 — 옮긴이) 등 나쁜 존재들이 역병을 퍼뜨린다고 여겼습니다.

그럼 어떻게 해야 할까요? 이들을 정성껏 모시는 수밖에 없습니다. 사람들로서는 귀신을 어찌할 방법이 없었으니까요. 사람들은 자신들에게 마땅히 대항할 방도가 없다는 것을 순순히 인정하고 역병을 일으키는 세력에게 제사를 지냈습니다. 사람이 신에게 잘하면 신도 사람에게 잘해주면서 병으로 죽은 역귀들이 소란을 피우지 않도록 도와준다고 믿은 것이지요. 이것이 바로 왕야 신앙의 소박한 유래입니다.

대만 서남부 지역에서 유행하는 소왕선(燒王船, 왕선 태우기) 제사 의식을 먼저 살펴봅시다. 흔히 소왕선이라 하면, 배를 태워 보내서 역병을 쫓아내는 것이라고 생각하는데, 사실 순서가 완전히 잘못되었습니다.

핑둥현 둥강진 서남부의 샤오류추나 타이난시 시강구에서 행하는 소왕선 행사의 정식 명칭은 영왕제迎王祭입니다. '영왕' 즉, 왕을 맞이하는 것이 핵심이기 때문입니다. 먼저 올해의 '역병의 왕'에게 인간 세상에 와달라고 엄숙히 초청합니다. 그러면 왕야가 자신이 이끄는 신병들과 함께 마을 곳곳을 돌아다니며 더러운 것들이 보이면 모두 체포합니다. 여기서 신의 가마가 닿는 곳마다 액이 물러나고 더러운 것이 없어진다는 말의 의미를 엿볼 수 있습니다.

그 지역에서 나쁜 기운을 일으키는 역병의 신들을 다 잡아들이고 나면 이들을 '죄수 호송차'인 왕선王船에 압송해 멀리 떠나보낼 채비를 합니다. 왕선이 조선소를 떠나 바닷가로 가는 의식은 '천선遷船'이라고도 합니다. 배가 육지를 지나는 동안 지난 며칠간 범인을 잡느라 고생한 왕야와 병사들에게 포상의 의미로 집집마다 진수성찬을 차려 바칩니다. 왕야는 바다로 가는 도중에도 놓친 역신이 없도록 체포를 계속 이어가고요. 이 모든 과정이 끝난 후에야 비로소 왕선을 불태워 왕야를 배송陪送합니다. 사람들이 늘 평안하도록 온갖 나쁜 것들이 다시는 오지 못하게 멀리 보내버린다는 의미지요.

왕선을 태운 후 사흘간 도시 전체는 침묵을 유지해야 합니다. 폭죽을 터뜨리거나 야단법석을 떨어서는 안 되고 노래나 춤은 더더욱 안 됩니다. 왕야가 오해해서 '그래, 내가 다시 와줬으면 하는 거지?' 하면서 돌아올 수 있기 때문입니다. 배도 사흘 동안 바다로 나가면 안 됩니다. 멀리 가지 못한 왕선과 바다에서 만날지도 모르기 때문입니다. 온갖 더러운 것들로 가득 차 있는 왕선과 만난다니, 생각만 해도 끔찍하지요?

'선 마중, 후 배웅' 의식을 보면 알겠지만, 왕야 신앙은 본래 사납고 강력한 역신의 비위를 맞추고 달래면서 그에게 도움을 간청하는 데서 유래했습니다. 역신을 초청해서 지상의 자잘한 역병을 관리하고 소탕하는 데 도움을 받기 위함이지요. 그런데 역신에게 제사를 지낸다는 말이 어쩐지 이상하게 느껴지자, '역병의 신'이었던 왕야를 '방역의 신'으로 바꿔버린 것입니다.

유용한 팁을 하나 공유하자면, 소왕선은 배를 태우면서 더러운 것들을 멀리 보내버리는 일이라 이런 전통을 잘 아는 현지인들은 절대 현장에 가지 않고 사진은 더더욱 찍지 않습니다. 배를 보내는 천선 의식이 끝나면 일찌감치 집에 가서 잠을 청하지요. 앞다투어 사진을 찍는 사람들은 '순진한' 관광객들뿐입니다.

토지공, 신계의 이장님

땅이 있는 곳이면 어디든 그 땅을 지키는 토지신이 있습니다. 대만에는 '전두전미토지공田頭田尾土地公', '수두수미토지공水頭水尾土地公', '장두장미토지공庄頭庄尾土地公'이라는 말이 있는데 밭 기슭, 나무 밑, 길가, 무덤 일대 어디서든 토지공을 볼 수 있다는 뜻입니다. 일본 통치 시대 대만의 사원 조사 자료에 따르면, 한족 민간 신앙에서 가장 제사를 많이 지내는 신이 바로 토지공이었습니다. 토지공 사당은 지금도 그 수가 상당한데, 중앙연구원 지리정보시스템 자료에 따르면 대만 전역을 통틀어 등록된 토지공 사당 수는 총 2,076개에 달합니다. 그만큼 토지공은 친척이나 이웃 어르신처럼 언제나 대만 사람들에게 친근감을 주는 가장 대중적인 신이라고 할 수 있지요.

청나라 때 한족들이 대만으로 이주한 주된 목적은 토지를 개간하기 위함이었습니다. 그들에게 땅은 집이자, 생활이며 그들이 가진 전부였습니다. 그러니 토지공은 바쁠 수밖에 없는 운명이었지요. 토지의 신이고, 가족들을 지키는 수호신이면서 마을의 크고 작은 일들을 처리하는 이장이라고나 할까요?

"이장님, 우리집 개가 없어졌어요. 같이 좀 찾아주실래요?" "이장님, 저 확진됐는데 도시락 좀 갖다주실래요?" "이장님, 도시락으로 갈비는 그만 갖다주시겠어요? 이젠 닭다리가 먹고 싶어요!"

사람들은 땅에 관련된 모든 소원을 토지공에게 빌었습니다. 풍작과 가정의 평안은 시작에 불과했지요. 오가는 길을 평안하게 지켜달라는 소원, 큰돈을 벌 수 있게 보살펴달라는 소원(중국인은 땅이 있으면 돈이 생긴다고 믿는다), 수험생들을 잘 돌봐달라는 소원

타이둥현 츠상향 밭 한가운데 있는 복덕사福德祠 ◆ 대만인들은 토지신에게 땅과 관련된 모든 소원을 빌었다.

을 비는 것으로도 모자라, 심지어는 아이가 악몽을 꿀 때나 부부 싸움을 할 때, 애완동물이 아플 때도 토지공을 찾았습니다.

객가인(客家人, 한족의 일파로 원래는 중국 황허강 북부에 살았지만 전란을 피해 중국 각지로 흩어졌다가 세계 각지로 이주한 한족)은 이런 토지공을 '백공伯公'이라고 불렀습니다. 객가어로 백공은 할아버지의 형을 가리키며, 집안에서 항렬이 가장 높은 친척입니다. 토지공을 수많은 일을 안심하며 털어놓을 수 있는 친척이자, 무슨 일이든 마음 놓고 맡길 수 있는 어른으로 여긴 것이지요. 이것이 바로 한족 민간 신앙에서 토지공이 차지하는 위상입니다. 신이면서 동시에 따뜻하고 다정한 존재였지요.

유응공, 외로운 넋을 대하는 따스함

유응공有應公은 대만 한족이 가진 가장 특색 있는 민간 신앙입니다. 한족은 사람이 죽으면 시신을 잘 묻어주고 영혼을 위해 제사를 지내야 한다고 믿습니다. 이 두 가지를 완수해야 죽은 사람이 영면에 들 수 있다고 생각하기 때문입니다. 만약 시신을 제대로 묻어주지 않거나 망자의 넋에 제사를 지낼 사람이 없으면 망자가 '악귀'로 변해 사회에 복수하고 곳곳에서 말썽을 일으킨다고 여겼습니다.

여러 번 강조했지만 처음 대만에 온 한족 중에 살아남은 사람들은 거의 복권에 당첨된 것과 같은 행운아들이었습니다. 이민자들이 바다를 건너고 땅을 개척하는 과정에서 사건이나 사고가 너무 많았기 때문입니다.

혈혈단신으로 대만에 와서 고생만 하다가 천재지변, 전염병, 강도, 민란, 흉기 사건이라도 만나 한순간에 도처를 떠도는 망령이 된다면 어떤 심정일까요? 고향에 있는 가족들은 내 소식을 듣지도 못할 텐데 내가 대만에서 죽었다는 걸 알 수나 있을까요? 누군가 내 시신을 수습해서 묻어주기나 할까요? 아내도 없는데 성묘하고 제사 지낼 자식들이 있을 리도 만무하지요.

그래서 청나라 때 대만 사람들은 협동 정신을 발휘했습니다. 마음씨 좋은 마을 사람들이 주인 없는 유골을 모아 집단으로 매장한 다음, 사당을 짓고 위패를 세워 한꺼번에 제사를 지내준 것입니다. 이로써 돌아갈 곳 없이 떠돌던 외로운 영혼에게는 거처가 생겼고, 제사를 지내줄 사람이 없어 초조했던 영혼들은 고정적으로 제사를 받을 수 있게 되었습니다.

외롭게 떠도는 영혼에 합동 제사를 드리는 사당이자, 타지에서 죽은 영혼들을 편안하게 하는 이런 장소를 청나라 시대에는 '만선사萬善祠' 혹은 '대중묘大眾廟'라고 불렀습니다. 재미있는 것은 이런 제사의 전통이 오래되다 보니 일본 통치 시대에는 이 고혼들을 타지에서 죽은 망령이 아니라 그 지역의 일원처럼 생각하게 되었다는 점입니다. 자주 제사를 지낼수록 고혼들에게 기묘한 연대감을 느꼈던 것이지요.

사람들은 이 고혼들에게 소원을 빌기 시작했습니다. 간절히 바라면 통한다고 했던가요? 때때로 이렇게 빌었던 소원이 이루어지면서 만선사라는 이름에도 변화가 생겼습니다. 일본 통치 시대 이후에는 고혼에게 제사를 지내는 곳을 '유응공묘有應公廟'또는

'만응공묘萬應公廟'라고 부르게 되었습니다.

대체 어느 정도의 자상함이라야 이름도 모르고 일면식도 없는 시신을 기꺼이 수습하고 염습해서 안장할 수 있을까요? 만약 제가 정처 없이 떠돌던 혼백이라면 한 줄기 푸른 연기밖에 남지 않았더라도 전력을 다해 이렇게 말하고 싶을 것 같습니다. 나를 찾아줘서 고맙다고.

누구라도 고향으로부터 멀리 떨어진 곳에서 육신을 잃은 지 100년도 넘은 자신에게 찾아와 제사를 지내고 제수용품을 바치고 소원을 비는 사람들이 있다면, 그 꿈을 반드시 이룰 수 있게 도와주고 싶을 것입니다.

6장

불티나게 팔렸던
'Made in Taiwan'
차, 설탕, 장뇌

> "주목할 만한 사실은 중국에는 타이베이 사람보다 옷을
> 잘 입는 사람이 없다는 것이다. 농부, 석탄선에서 일하는 노동자,
> 중노동을 하는 거리의 하층 노동자들이 겨울에 입는 옷 두세 벌 중
> 한두 벌은 유럽에서 온 제품이다."
>
> **—1876년 단수이 세관보고서**

대만을 대표하는 세 가지 보물이라고 하면 무엇이 떠오르나요? 누군가는 '전주나이차(버블티), 지파이(닭튀김), 커자이젠(대만식 굴전으로 대만 현지인은 [어아젠]으로 발음한다 — 옮긴이)' 등 먹거리를 뽑기도 하고, 다른 누군가는 '홍하이(대만 폭스콘), 웨이퍼wafer, TSMC(대만 반도체 제조회사명)' 등의 수출품이나 기업을 떠올리기도 합니다. 만약 19세기 후반 대만으로 거슬러 올라간다면 어떨까요? 그 시대에 대만의 세 가지 보물을 묻는다면 너나 할 것 없이 이구동성으로 이렇게 외칠 것입니다. '차, 설탕, 장뇌(녹나무에서 추출하는 천연수지물질로 화약과 셀룰로이드의 주원료 — 편집자)'라고.

1860년 청나라가 영국과 프랑스 연합군에게 패하면서 대만은 정식으로 항구를 개방하고 통상을 시작했습니다. 그리고 1895년 일본에 할양되어 식민지가 되기까지 30여 년간 차, 설탕, 장뇌는 대만 수출품 순위에서 줄곧 1, 2, 3위를 놓치지 않았습니다. 세관 자료에 따르면 1860년부터 1890년대까지 차, 설탕, 장뇌가 전체 수출액에서 차지하는 비중은 각 53.49%, 36.22%, 3.93%였습니다. 이 세 품목 비중을 합하면 거의 94%에 달하지요.

개항 이후 차, 설탕, 장뇌가 불티나게 팔리면서 상인들의 주머니가 두둑해졌을 뿐 아니라 실질적으로 당시 대만 경제의 생산 및 판매 구조와 사회계층이 변화되었으며, 민족 간 분쟁과 환경 개발 등 새로운 사회 문제들이 생겨났습니다.

세계 무역 체제에 편입된 후 대만은 세계 경제에 발맞추며 자본주의의 쓴맛과 단맛을 여실히 맛보게 되었습니다. 이때 외국 상인들이 대만으로 몰려오면서, 양행(서양 나라에서 세운 무역회사)이 하나둘 세워졌습니다. 차, 설탕, 장뇌의 부상은 대만 역사에 어떤 변화를 가져왔을까요?

세상살이가 어떻든 차는 마셔야지

차나무의 발원지는 중국으로, 찻잎이 대량으로 수출되고 전파된 것도 중국과 관련이 있습니다. 전 세계에 수많은 언어가 있지만 '차'를 어떻게 발음하는지 연구해보면, 크게 'cha'와 'te'로 나뉩니다. 대항해시대 이전에는 주로 육로를 통해 중국 밖으로 찻잎을 수송했는데, 이 시기에 차가 전해진 중앙아시아나 남아시아 지역에서는 대부분 차를 화베이 지역처럼 'cha'로 발음합니다. 몽골의 'chai', 터키의 'chay', 인도의 'chaya'가 그 예지요.

대항해시대 이후에는 유럽 국가들이 해로를 이용해 푸젠성 상인에게 산 다량의 찻잎을 싣고 유럽으로 돌아갔기 때문에 차를 민난('민[閩]'은 푸젠성의 약칭이다 — 옮긴이) 지역처럼 'te'로 발음했습니다. 예를 들면 영국은 'tea', 네덜란드는 'thee', 프랑스는 'the'라고 발음하지요.

그렇다면 차는 어떻게 대만과 인연을 맺게 되었을까요? 17세기에 대만 남부를 점령한 네덜란드는 대만에 야생 차나무가 있다는 사실을 알게 되었습니다. 초기 대만 무역에서 차나무 재배와 찻잎 생산 및 제조는 그리 주목받지 못했지만, 단수이 개항으로 큰 전환점을 맞았습니다. 1860년 대만 주재 영국 부영사로 부임한 로버트 스윈호(Robert Swinhoe, 1836-1877)는 단수이에서 근무하는 동안 일찍부터 대만에서 생산된 차가 중국에 팔리고 있다는 사실을 알게 되었습니다. 게다가 대만 북부는 찻잎을 재배하기에 매우 적합했습니다. 겨울이 따뜻하고 습해서 중국보다 생산 철이 빨리 찾아왔고, 찻잎 생산지와 가까운 항구도 여러 개였습니다. 이런 조건 덕분에 차를 홍배(건조 과정을 마친 차를 약한 불에서 오랜 시간 다시 건조시키며 차향을 끌어올리는 과정)하는 기술을 개선하고 대만 토질에 더 적합한 품종을 옮겨 심으면서 대만차의 품질을 대폭 끌어올릴 수 있었지요.

스윈호의 관찰 보고서는 영국 정부에게 큰 주목을 받지 못했지만, 뜻밖에 영국 상인 존 도드(John Dodd, 1838-1907)의 관심을 끌었습니다. 대만 북부의 구릉지를 방문한 도드는 대만의 토양과 기후가 차나무 재배에 적합하며, 차 산업의 발전 잠재력이 엄청나다고 생각했습니다. 실제 무자 일대에서는 소량이기는 해도 찻잎을 재배하고 있었고 차의 품질도 좋았지만, 기술과 설비가 부족해 터무니없이 낮은 가격에 차를 판매할 수밖에 없었습니다. 그 결과 농민의 수입은 형편없었고, 차 산업도 제자리걸음이었습니다.

도드는 두뇌 회전이 빠르고 일 처리가 명쾌한 장사꾼이자, 모험 정신이 투철한 사람이었습니다. 그는 당시 가장 유명했던 푸젠성 안시 지역의 차 모종을 들여와 농민들에게 그 모종을 사서 재배해달라고 부탁했습니다.

단수이 보순양행寶順洋行(1869) ◆ 영국의 사업가 존 도드가 설립한 보순양행. 대만산 우롱차를 해외 각지에 수출했다.

"우리가 왜 이걸 삽니까? 이걸 심는다고 떼돈을 버나요? 지금도 가난에 허덕이는 판에 무슨 수로 차 모종을 사겠습니까!" 수많은 농민이 처음에는 도드의 제안을 거들떠보지도 않았습니다. 그러자 도드가 말했습니다. "심으세요. 판매는 제가 책임지겠습니다." 도드는 농민에게 차 모종을 살 수 있는 자금을 빌려주면서 찻잎을 수확하면 자신이 전량 매수하겠다고 약속했습니다. 또 참신한 차 제조 설비에 거액을 투자해 기계를 사들이고 다다오청에 찻잎 정제 공장을 세웠습니다. 차를 만들기 위해 푸젠성 안시에서 전문 차 제조원과 찻잎을 딸 일꾼까지 데려왔습니다. 이 밖에 '엄선한 포르모사 우롱차Choicest Formosa Oolong tea'라는 문구로 브랜드 마케팅을 펼치기도 했습니다.

모든 준비가 끝나자, 도드는 1869년 대형 범선 두 척을 빌려서 대만의 우롱차 총 2,131담(중량 단위 시담의 통칭으로, 1시담은 50킬로그램이다 ─ 옮긴이), 즉 약 13만 킬로그램의 우롱차를 미국 뉴욕으로 수출했습니다.

과연 차가 잘 팔렸을까요? 얼마 지나지 않아 뉴욕에서 'Choicest Formosa Oolong tea'가 엄청난 호평을 받고 있다는 소식이 전해졌습니다. 찻잎은 그야말로 동이 났습니다. 예전에는 대만에서 만들어진 차를 일단 샤먼까지 배송해서, 푸젠 차를 섞은 후에야 각지에 팔 수 있었습니다. 그런데 뉴욕에서 거둔 성공은 대만차를 자체적으로 생산하고 해외로 직수출한 첫 사례로, 대만차가 우수하다는 이미지를 성공적으로 구축했습니다. 1년 동안 1담에 15 대만달러였던 우롱차 가격은 2배로 뛰었습니다.

농민들에게 자신감이 붙으면서 무자부터 선컹, 스딩, 핑린, 싼

샤, 수린, 타오주먀오 일대까지 차나무 재배 면적이 끊임없이 확대되었습니다. 다른 외국 상인들도 대만차를 주목하기 시작했습니다. 1870년부터는 덕기Tait&Co., 이기Elles&Co., 화기Boyd&Co. 등 양행들이 단수이, 다다오청에 거점을 마련하고 건물을 올렸습니다.

2022년 역대 최다 금종장(가장 오래된 중화권 방송 시상식) 후보에 오른 대만 드라마 《차진茶金》에 이런 대사가 나옵니다. "찻잎 하나가 차 한 잔이 되는 것은 길고 긴 여정이야." 차를 생산하는 과정은 마치 예술품을 조각하는 과정과 같습니다. 차나무를 심고 찻잎을 따는 모든 과정에 엄청난 인내심과 노동력이 필요하기 때문입니다.

당시 찻잎은 잘 팔렸을 뿐 아니라 다른 업계보다 이윤도 컸기 때문에 대만 현지인뿐 아니라 대만으로 넘어온 이민자들을 비롯한 수많은 사람이 찻잎 산업으로 몰렸습니다. 1880년대 대만에서는 매년 찻잎 따는 여성 노동자 20만 명, 차 제조 노동자 3~4만여 명, 찻잎 고르는 여성 노동자 1만여 명, 상자 만드는 노동자 400여 명이 필요했습니다. 그 밖에 허드레꾼이나 쿠리(중노동에 종사하는 중국이나 인도의 하층 노동자)도 수없이 많았습니다. 그 시대에 찻잎이라는 상품 하나의 수출 총액만 대만 수출 총액의 절반 이상을 차지하고 수많은 사람을 먹여 살렸으니 대만을 지킨 '신다神茶'라고 해도 과언이 아니었습니다.

타이베이의 독특한 풍미를 지닌 우롱차는 미국 판매를 시작으로, 갈수록 판로를 확대했다. 이때부터 차 산업이 크게 발전하면서 그 가치가 은 이백몇십만 원兩에 달했다. 푸젠성, 광둥성 산터우 상인들이 몰려와서 차 도매상 2, 30곳을 세웠다. 차를 만드는 일꾼 중에는 안시 사람이 많았는데 봄에 왔다가 겨울에 돌아갔다. 가난한 부녀자들은 찻잎을 고르는 일로 먹고살았고 하루에 2,300전錢을 벌었다. 이로써 타이베이시의 사기가 진작되었다.[*]

찻잎의 가치가 올라가면서 농민과 일꾼의 수입이 증가했습니다. 끊임없이 일자리가 생겨남에 따라 다다오청의 지위도 높아지면서 대만의 남북 경제는 역전되었습니다. 대만 북부 찻잎 산업의 부상과 무역량 폭증으로 북부 신흥 마을의 발전이 가속화했고, 찻잎의 견인으로 대만 경제의 중심은 점차 북쪽으로 이동했습니다.

지금까지도 차는 대만 사람들의 생활과 떼려야 뗄 수 없습니다. 대만에서 편의점보다 더 빽빽하게 들어서서 2, 30미터마다 만나는 것이 바로 서우야오인(대만에서 음료수를 부르는 명칭) 매장입니다. 그래도 저는 고향인 타이난에서 할아버지가 직접 우려주는 고산차(高山茶, 가오산차)를 가장 좋아합니다. 할아버지가 우린 차에는 대만 사람이라면 모두가 아는 '집의 맛'이 느껴지기 때문이지요.

설탕처럼 달콤한 도시 대만 남부

설탕을 만드는 데 쓰이는 주요 농작물은 사탕수수와 사탕무입니

---

[*] 롄헝連橫, 『대만통사·권27농업지臺灣通史·卷二十七農業志』 1918년.

다. 온대지역에서는 가뭄에 강하고 추위를 이길 수 있는 사탕무를 주로 재배합니다. 사탕수수는 북위 30도 이남, 남위 30도 이북의 열대 지역에 주로 분포합니다. 사탕수수 줄기를 압착해서 즙으로 만들어 여러 과정을 거쳐 가공하고 정제하면 '백금白金'이라 불리는 설탕을 추출할 수 있습니다.

자당蔗糖은 대만 역사상 가장 오랫동안 팔린 주요 무역 상품입니다. 17세기 네덜란드 동인도회사는 한족을 모집해 대만에 사탕수수를 심고 자당을 만들었습니다. 대만 남부는 사탕수수를 재배하기에 최적인 지역이었기 때문입니다. 사탕수수는 연평균 기온이 높고 온도 차가 적은 지역에서 잘 자랐습니다. 특히 대만 남부는 겨울에 비가 거의 내리지 않아서 사탕수수가 당분을 축적하는 데 유리했기 때문에, 그야말로 사탕수수 재배의 명당이었습니다. 대만 남부의 광활한 평원을 바라보면 논을 제외하고는 전부 사탕수수 밭일 정도였지요. 당시 대만에서 생산한 자당은 연간 수출량이 4, 5천 톤에 달했고, 네덜란드 동인도회사의 중계 무역을 통해 일본, 중국, 이란 등지로 판매되었습니다.

그 후 정씨 왕국 시기든 청나라 통치 시기든 자당은 대만 남부 지역에서 꾸준히 생산·수출되었습니다. 이 긴 시기 동안 농민 대다수는 사탕수수 밭 근처에 사탕수수를 자당으로 가공하는 간이 작업장인 당부糖廍를 설치했습니다. 사탕수수 수확을 마치면 사탕수수를 한 다발씩 묶어서 사람이 직접 옮기거나 달구지로 당부까지 가지고 갔습니다. 당부에는 원형 맷돌이 있었는데, 일꾼들이 사탕수수를 맷돌에 넣으면 소들이 열심히 맷돌을 돌려서 즙을 짰습니다. 그다음에는 당사糖師와 화공이 맡아서, 다 짜낸 사탕수수

당부 ◆ 대만의 전통적인 사탕수수 가공 작업장인 당부에서는 소가 직접 맷돌을 돌려 즙을 짰다(중앙연구원 역사언어연구소, 〈당부도〉).

즙을 끓이면서 위로 떠오르는 불순물을 수시로 제거하고 적당할 때 석회를 넣어 중화시킵니다. 그렇게 농축된 사탕수수즙을 식히면 비로소 판매할 수 있는 자당이 되었습니다.

청나라가 통치하던 시기에 대만의 당부 수는 2,600여 개였는데, 당부가 분포한 지점을 보면 어느 지역에서 자당 산업이 번창했는지를 알 수 있습니다. 오늘날 당부는 어느 현시縣市에 주로 집중되어 있을까요?

바로 설탕의 도시로 알려진 타이난시입니다. 당부의 80%가 이곳에 몰려 있습니다. 당부는 자당 역사 발전의 일부분이기도 해서 꽤 많은 마을 이름이 여기에서 유래했습니다. 지금도 대만 각지에는 이름에 부廊가 붙은 마을이 많은데, 타이난시 신잉구의 주부리舊廊里, 관톈구의 난부리南廊里, 마더우구의 랴오부리寮廊里 등이 자당 산업의 흔적들입니다.

이쯤에서 곰곰이 생각해볼 것이 있습니다. 자당이 대만에서 출시해 오랫동안 판매한 상품이라면 개항은 자당 수출에 어떤 영향을 미쳤을까요? 첫째, 가장 뚜렷한 변화는 역시 수출 시장의 확대입니다. 개항 전에는 대만산 자당을 주로 중국에 판매했지만, 개항 후에는 무역 상대가 전 세계로 확대되었고 일본이 대만의 최대 설탕 수출 시장으로 부상했습니다. 그 밖에 1870년대 멜버른과 시드니에 설탕 정제공장을 설립한 호주가 원료를 수입하기 위해 대만에서 자당을 대량으로 구매했습니다.

대만의 제당업에서 대외 개방은 양날의 검이었습니다. 무역 상대가 다양해지기는 했지만, 이제 대만 설탕은 세계 설탕 산업과 경쟁을 벌여야 했습니다. 19세기 후반 산업혁명으로 제당 기술이 크게 향상되었고, 생산성도 꾸준히 상승했습니다. 사탕무에서 추출한 당이든 사탕수수에서 추출한 당이든 관계없이 생산량이 증가했는데, 공급이 늘어남에 따라 가격은 하락했습니다.

전 세계에 설탕을 생산하는 지역이 너무 많은 것도 원인이었습니다. 서양 국가들은 자체적으로 사탕무당을 생산했고 자바섬, 마닐라 등 동남아 일대와 아이티 같은 서인도 제도 식민지에서도 자당을 생산했습니다.

특히, 서양 국가들은 과학기술이 발전을 이용해 사탕수수를 당도가 높고 병충해에 강한 품종으로 개량한 뒤, 신식 기계를 들여 설탕을 만들었습니다. 증기로 금속 설탕 분쇄기를 돌리고 진공 압력솥으로 사탕수수즙을 푹 끓여서 생산원가를 낮추며 설탕 품질을 대폭 개선했습니다. 자바 설탕과 필리핀 설탕은 대만 설탕보다 맛이 좋은 데다 가격도 저렴했습니다. 대만 제당업은 아직도 소가 맷돌을 끌어 즙을 짜는 수준에 머물러 있었으니 세계 시장에서 경쟁이 될 리 없었지요.

　대만의 설탕 산업은 전통을 고수한 탓에 쓰고 떫은 대가를 치렀습니다. 그렇게 대만 경제의 중심은 설탕 산업 중심인 남부에서 차 산업 중심인 북부로 점차 옮겨갔습니다.

장뇌, 신기한 연금술

장뇌라는 이 두 글자에서는 특유의 맛이 느껴집니다. 입 밖으로 꺼내기만 해도 특별한 향기가 난다고나 할까요? 장뇌는 녹나무 줄기에서 추출하는 화합물로 상온에서는 고운 모래처럼 흰색 고체 형태를 띠며 의료, 방부, 구충 등에 주로 쓰입니다.

　19세기 후반 장뇌의 용도는 무궁무진했습니다. 장뇌는 인류가 발명한 최초의 합성수지인 '셀룰로이드Celluloid'의 기본 원료였습니다. 셀룰로이드는 인류 역사상 최초의 플라스틱 재료로서 가소성(외부 자극이 제거되어도 물체가 변형을 그대로 유지하려는 성질)이 좋아 중요한 공업 재료가 되었고 빗, 단추, 필름, 틀니, 안경

장뇌 ◆ 장뇌는 천연 녹나무에서 채굴할 수 있다(국립대만대학 도서관).

테 등을 만드는 필수 재료였습니다. 특히 패션 산업에서 셀룰로이드 수요가 많았습니다. 옷, 부츠, 모자, 선글라스, 스타킹, 귀걸이 등 사람이 몸에 착용하는 거의 모든 제품에 셀룰로이드가 사용되었습니다. 그러니 당시 공업 대국이라면 셀룰로이드를 만드는 핵심 원료인 장뇌를 어떻게든 많이 얻고 싶어 안달이었지요.

때마침 대만은 세계적인 녹나무 생산지 중 하나였습니다. 녹나무는 대만 북부 지역의 해발 1,200미터 이하, 남부 지역 해발 1,800미터 이하인 산지와 평지에서 주로 자랐습니다.

하지만 대만이 세계적 녹나무 생산지였음에도 장뇌를 구하는 일은 만만치 않았습니다. 이유가 뭘까요? 평지에 있는 녹나무는 이미 사람들이 싹 다 베어간 지 오래였습니다. 녹나무 자원이 계속 개발되면서 산림 자원이 날로 고갈되어 녹나무를 구하려면 더 높은 산을 오를 수밖에 없었습니다. 부를 창출하려면 그만큼 모험을 감수해야 하는 법이지요. 사람들은 평지에서 가까운 산으로, 가까운 산에서 다시 깊은 산으로 들어갔습니다. 자연환경이 갈수록 험해지니 피로도는 올라가고 위험지수도 급증했습니다. 깊은 산에 들어갈수록 생번과 만날 확률도 높아져 까딱 잘못하면 원주민과 충돌할 수도 있었습니다.

장뇌 채굴 열풍은 개항 이후 대만에 새로운 변화를 가져왔습니다. 첫째, 예전에는 신경 쓰거나 관심을 갖는 사람이 별로 없던 한족과 원주민 경계 지역, 소위 네이산內山 일대에 새로운 상업적 기회가 생겼습니다. 예를 들어 다커칸(지금의 다시), 쌴자오융(지금의 쌴샤), 쎈차이웡(지금의 관시) 등 도시와 가까운 산간 지역이 부상한 이유가 바로 당시 이 지역들이 장뇌 생산의 집하 센터였기 때문입니다.

둘째, 뇌정이 산에서 장뇌를 채굴하는 과정에서 자주 원주민의 생활 터전을 침범하는 바람에 원주민이 사람을 죽이는 '번해'가 끊임없이 발생했습니다. 한족은 생계를 위해 장뇌를 캐려다 목이 달아났으니 너무 억울하고 원통했을 것입니다. 하지만 원주민은 자꾸 한족이 집에 처들어와서 마구잡이로 나무를 베고 물건을 훔치는 데다 숲에 불까지 질러대니, 가만히 있을 수 없었겠지요. 원주민과 한족 간 충돌이 끊이지 않은 탓에 장뇌의 생산량과 수출은 큰 타격을 입었습니다.

정부는 어떻게 했을까요? 1884년 무연 화약이 발명됐는데 이번에도 장뇌가 중요한 원료로 사용되면서 그 중요성과 상업적 이익이 더욱 두드러졌습니다. 장뇌 사업을 보호하기 위해 대만에서는 순무 유명전劉銘傳의 주도로 수차례 군대를 이끌고 다커칸 지역 촌락을 공격했습니다. 이를 본 외국 상인은 이런 말을 했습니다. "장뇌를 얻으려면 피로 대가를 치러야 한다."

더욱 유감스러운 일은 산림 파괴였습니다. 개산무번 사업을 적극적으로 추진한 덕분에 1893년 대만의 장뇌 수출량은 532만 1,463파운드에 달해 일본을 제치고 세계 장뇌 왕국의 왕좌를 되찾았습니다. 하지만 그 대가가 피와 무분별한 개간이라는 사실은 잘 드러나지 않습니다. 녹나무 한 그루는 최소 50년은 있어야 재목으로 성장할 수 있었습니다. 생명의 가치를 지키지 못하면서 세계 최고가 되는 것이 무슨 의미가 있을까요? 진짜 중요한 것은 언제나 있을 때보다 없을 때 더 잘 알 수 있는 법입니다.

7장

'개산무번'은 개간인가, 침범인가?

청나라 시대 대만 원주민과 한족의 관계

우리는 우리 땅을 침략한 모든 외부 민족과 제국주의에 맞서 싸웠다.
대만을 식민지로 삼은 국가의 무력 진압과 권위적 통치를 받기도 했다.
(중략) 하지만 긴 세월 동안 우리 원주민은 여전히 이곳에서
우리의 자연권과 주권을 한 번도 포기한 적 없다.

—원주민 역사정의 및 전형정의 위원회 각 원주민 대표(2019년 2월 19일)[*]

'개산무번開山撫番'이라는 말을 들어본 적 있나요? 개산무번이란 청나라 말기에 대만 동부 산간 지역을 개발해 생번을 복종시키고 한족의 이주와 개간을 독려했던 활동을 가리킵니다. 그런데 시대에 따라 이 '개산무번'에 대한 평가는 완전히 달라집니다. 개산무

[*] 1994년 8월 1일 '원주민'이라는 호칭을 헌법에 넣는다는 헌법 수정·증보 조항이 공표되었다. 이를 기점으로 '산포山胞'의 올바른 명칭은 '원주민'이 되었다. 1997년 '원주민'은 또다시 집단의 개념을 지닌 '원주민족'으로 바뀌었는데 이는 대만에 있으면서 국가 관할 범위에 속하는 전통 민족을 가리킨다.

번에 대한 평가가 어떻게 달라지는지 보려면 그 시대 교과서 내용을 들여다보는 방법이 가장 좋습니다.

1980년대 학생들은 심보정沈葆楨, 유명전劉銘傳등의 인물이 얼마나 훌륭한지 찬양하는 내용을 공부했습니다. 당시 교과서는 개산무번을 이렇게 설명합니다. "심보정의 주요 성과는 산지를 개발하고 산포(山胞, 산지동포[山地同胞]의 줄임말로 '고산족'을 의미)를 위로하며 한족의 이민과 개간을 도운 것이다. 유명전은 번학당番學堂을 설립해 산지동포를 교화했다."

만약 교과서에 이렇게 적혀 있다고 해봅시다. "심보정은 개산무번 사업을 적극적으로 추진하며 산간 지역에 군대를 파견해 원주민의 산업 발전과 교육을 계획하고 한족이 산지를 개간하도록 독려했다. 유명전은 번학당을 설립해 원주민의 한족화를 촉진했다."

앞서 말한 교과서와의 차이점을 발견했나요? '산포'라는 단어가 사라지고 '원주민'으로 명칭이 바뀌었습니다. 원주민이 꼭 산에만 살아야 한다고 규정된 법은 없으니까요. 교과서에서 '산포'라는 차별적인 단어가 사라진 걸 보니 아마 1990년대 후반에 사용된 교과서겠군요.

만약 교과서에서 개산무번 정책을 이렇게 설명하고 있다고 해봅시다. "원주민의 생존 공간이 침범당해 한족과 충돌이 늘어나면서 원주민 중 일부는 살해되었고 일부는 다른 곳으로 강제 이주를 당하거나 더 높은 산간 지역으로 거처를 옮겨야 했다." 이에 더해 한족과 원주민이 충돌한 역사적 사건들을 소개하고 있다면 이는 현재 대만의 학생들이 배우고 있는 내용이니 더 귀를 기울여 들어주세요.

사실 대만의 역사에서 원주민에 대한 대우는 지금 역사 교과서에서 서술한 흐름과 거의 똑같습니다. 청나라 시기 한족과 원주민의 지위는 확연히 달랐습니다. 한족이 오랫동안 발언권과 정치권력을 완전히 장악했지요. 한족은 원주민을 억압할 뿐 아니라 놀림감으로 삼았습니다.

심보정, 유명전 등 청나라 관리가 중심이 되어 추진한 개산무번은 한때 개발과 시혜로 미화되었습니다. '만약 우리 한족이 적극적으로 산지를 개간하고 학당을 세워서 너희를 교화하지 않았으면, 언제까지 그렇게 뒤처지고 야만적인 삶을 살고 있을지 모른다'라고 말입니다.

제대로 된 문자가 없었던 원주민은 박해를 받아도 어딘가에 하소연하기가 어려웠습니다. 심지어 자신의 생활방식과 전통문화가 계속 무시당하다 보니 자신들조차 스스로를 의심하기에 이르렀습니다.

《가스등Gas light》이라는 영화가 있습니다. 예쁘고 자신감 넘치며 독립적으로 사고하던 여자 주인공이 남편의 심리 조종으로 현실에 회의감을 가지고 스스로를 의심하게 되면서 결국엔 자신의 정신 상태에 정말 문제가 있을지도 모른다고 믿게 되는 내용입니다. 여기에서 유래된 용어가 바로 심리적 지배를 가리키는 '가스라이팅'이지요.

이 영화 속 주인공처럼 원주민 집단도 한때는 대만의 위산, 아리산, 다바젠산, 다우산, 베이난주산, 두란산의 산림, 깊은 계곡, 초원, 계곡물 등에서 저마다 고유한 생활 양식을 가지고 아름답게 지냈지만, 오랫동안 한족들에게 거짓 정보를 전해 들으면서 세상을 똑바로 바라보고 판단하는 능력을 잃어갔습니다. 결국 남들이 짜놓은 판에 갇히게 되었지요.

선을 넘어오지 마!

푸젠성, 광둥성 일대의 한족은 대만으로 넘어와 땅을 개간하는 과정에서 종종 실수로 원주민의 지역을 침범했습니다. 물론 원주민도 가만히 있지 않았지요. "감히 우리 땅에 쳐들어왔어? 채찍으로 수십 대 때려서 쫓아내거나 아예 죽여서 본때를 보여주자!"

이렇듯 불시에 일어나는 한족과 원주민의 충돌은 청나라에게 상당한 골칫거리였습니다.

나라 변방에 있는 대만은 청나라의 관심 밖이었습니다. 대만에 큰 노력을 들이고 싶지 않았던 청은 한족과 원주민의 거주지를 획일적으로 나누어버리는데, 이것이 속칭 '화계봉산(劃界封山, 경계를 그어 산 안팎으로 왕래를 금하는 것)' 정책입니

일본 통치 시대의 대만 행정 구획 지도(1901)
◆ 일본 통치 시대에도 여전히 '번계(番界, 한족과 원주민의 생활 영역을 구분한 선)'가 남아 있음을 알 수 있다. 굵은 선 오른쪽이 원주민 지역인 '번구番區'다.

다. 정부는 집단의 경계 지점에 '번계비'라는 비석을 세우거나 도랑을 파서 흙더미를 쌓은 '토우구'로 경계를 표시했습니다. "여러분, 여기가 경계선이니까 잘 보세요! 이제부터 여기는 한족, 여기는 원주민 지역입니다. 서로 침범하지 마세요. 아무도 이 선을 넘으면 안 돼요!"

청나라는 어떻게 이런 순진한 생각을 했을까요? 정말 경계선을 그어 한족과 원주민 구역을 나누면 앞으로 아무 문제가 없을 거라고 믿은 것일까요?

『대청율례大淸律例』(청나라 제도와 법률을 기록한 책)에는 다음과 같이 규정이 있습니다. "경계를 넘어 원주민 땅에 무단 침입한 백성은 곤장 백 대에 처한다. 만약 원주민 처소에 접근해 몰래 산을 넘고 넝쿨을 뽑거나, 사슴을 사냥하고 벌목하거나, 종려나무를 채집하면 곤장 백 대, 옥살이 3년에 처한다." 하지만 한족은 계속 법적 한계에 도전하며 선을 넘었습니다. 토우경계선은 한족이 땅을 개간할수록 안쪽으로 거듭 수정되었지요.

한족은 수적 우위를 앞세워 무력으로 선을 넘고 땅을 개간했습니다. 하지만 이는 시작에 불과했습니다. 한족들은 한자와 청나라 법을 잘 모른다는 원주민의 약점을 이용해 계약을 체결할 때 일부러 말도 안 되는 조항들을 적었습니다. 예를 들면 말로는 한족이 개간할 수 있는 범위를 제한해두었지만 계약서에는 경계선을 무한대로 명시했습니다. 원주민들은 눈 뜨고 코 베인 것이나 마찬가지였지요. 또 분명히 5년 약정 토지 임대차 계약이라고 말해놓고, 계약서에는 영구적으로 토지를 매각한다고 적었습니다. 한족은 원주민이 계약서를 봐도 잘 모른다는 점을 악용했고 도장을 받을 때까지 잘 속여넘기기만 하면 이후 계약서를 근거로 떳떳하게 토지를 점거할 수 있었습니다.

수많은 핑푸족이 이런 식으로 영문도 모른 채 땅을 잃었습니다. 조지 레슬리 맥케이(George Leslie Mackay, 캐나다 출신으로 단수이에 병원, 교회, 학교를 세웠으며 대만에서 가장 사랑받는 19세기 서양인 선교사 — 옮긴이) 선교사는 이런 사기 행각을 보고 분노를 참을 수 없었습니다. "핑푸족은 청나라의 글과 법을 몰라 한족에게 완전히 놀아나고 있습니다. 한족의 관리, 투기꾼, 상인 들이 순진무구한 사람들을 상대로 벌이는 이런 악랄한 사기 행각에 분노를 금할 수 없습니다!"

게다가 핑푸족 여성은 한족 여성과 다르게 부족 사회에서 남성에 버금가는 사회적 지위와 권력을 가졌습니다. 데릴사위를 들인 집안의 여주인이든 시집가서 남편을 섬기는 딸이든 관계없이 핑푸족 여성에게는 재산 상속권이 있었지요. 그래서 많은 한족 남성이 핑푸족 여성의 집에 데릴사위로 들어가 땅을 받았습니다.

예를 들면 '번자부마(番仔駙馬, 번자는 고산족을 낮추는 말이고, 부마는 왕의 사위를 뜻한다 — 옮긴이)'라는 별명을 가진 안리사 통사(청나라가 대만을 통치하던 시기에 정부와 원주민의 소통, 정보 통역 업무를 맡던 관리) 장달경張達京은 파제흐족(핑푸족의 하위 부족 — 옮긴이) 우두머리의 딸 여섯 명을 아내로 맞았습니다. 장달경은 핑푸족 공주를 아내로 맞은 덕분에 땅을 물려받으며 큰 부자가 되었습니다. 산맥선부터 해안선까지 대만 중부 도처에 그의 명의로 된 땅이 있었고, 그렇게 대만 중부에서 대지주가 탄생했습니다. 타이중 선강구 서커우 만흥궁에서는 지금까지도 그의 장수를 비는 위패를 모시고 있습니다.

옹정雍正과 건륭乾隆 연간에 활약한 임수준林秀俊은 다자, 허우룽, 단수이 주서의 통사 등을 지냈는데 지위를 이용해 핑푸족 부인을 얻어 반차오, 룽허, 바리, 단수이 등지를 개간하며 대만 북부의 맹주가 되었습니다. 그의 무덤은 현재 타이베이시 네이후구에 있는데, 면적이 약 2,881제곱미터입니다. 우리가 사는 집을 임수준의 묘지과 비교해보면 부자 중의 부자가 어떤 사람을 일컫는지 알 수 있겠지요?

청나라 관리들은 한족의 무력 개간이나 전략적 결혼을 어떻게 받아들였을까요? 대다수 관리가 보기에 원주민은 문화적으로 뒤처진 사람들이었고, 특히 생번은 야수나 다름없었습니다. "생번에게는 입을 것도 먹을 것도 없다. 제각각인 민족이 여러 지역에 흩어져 살았으며, 사람의 형상이었지만 출몰할 때는 마치 무서운 짐승 같았다." 이러니 한족이 폭력으로 제압해도 모른척한 것입니다. 오히려 원주민이 사기를 당하면 겉으로는 동정하면서도 쌤통이라고 생각했지요.

대만에 왔던 영국 관리 피커링은 직설적으로 청나라의 소극적인 태도를 지적했습니다. "핑푸족은 공격성을 띠지 않은 단순하고 소박한 민족이다. 한족은 그들의 약점을 이용해 토지를 빌려 쓴다는 핑계로 해당 토지를 강제 점거했다. 그런데 핑푸족이 정부에 이런 사실을 고소해도 정부는 외면하기 일쑤였다. 보통 사람들은 '원주민에게 그런 권리가 있기는 해?'라고 생각했다."

한편 땅을 열심히 개간한 한족은 대개 지혜롭고 용감하며 퍽 감동적인 인물로 그려졌습니다. 대만의 역사학자 롄헝連橫이 쓴

『대만통사臺灣通史』에는 수많은 사람을 이끌고 이란현으로 개간하러 간 오사吳沙를 이렇게 묘사했습니다. "오사는 원대한 뜻을 품고 강인한 백성들과 함께 초목이 무성하며 들짐승이 우글거리는 황량한 지역에 깊숙이 들어가 날씨와 맹수, 야만인과 싸웠다. 용감하게 전진하고 어떤 난관에도 굴하지 않으며……."

만약 문명이 자기 우월감으로 가득한 침략과 핍박이라면 차라리 야만적인 편이 더 낫지 않을까요?

개간인가, 침범인가?

1874년 일본은 류큐(琉球, 중국 대륙에서 대만을 부르는 말이었다가 명나라 태조때부터 오키나와를 지칭하게 되었다. 대만을 소류큐, 오키나와를 대류큐라고도 하는데 소류큐는 현재 대만 서남쪽 외해에 있는 섬 류추향[琉球鄉]을 가리킨다 ― 옮긴이) 왕국 국민이 조난해 헝춘반도까지 떠내려왔다가 원주민과 오해가 생겨 피살된 일을 핑계 삼아 대만 남부에 군대를 출동시켰습니다. 이게 바로 역사적으로 유명한 '모란사牡丹社 사건'입니다.

5월 중순 일본이 대만으로 출병하자 청나라 조정은 놀라서 얼굴빛이 하얗게 질렸습니다. 청나라는 외교 수단을 통해 국제법 위반도 서슴지 않는 일본의 무례한 행태를 고발하는 한편, 대만을 방어하기 위해 서둘러 병력을 증원했습니다. 5월 하순, 선정대신 심보정은 즉시 병사들을 이끌고 대만에 도착했습니다.

그런데 일본의 여정은 시작부터 삐그덕거렸습니다. 일본군은

모란사 사건 ♦ 모란사 사건 당시 가장 치열했던 벌어진 수문 전투를 그린 판화다.

파이완족의 강렬한 저항에 부딪힌 것으로도 모자라, 기후와 풍토가 맞지 않아 구토와 설사로 온몸이 녹초가 되었습니다. 병사자 수가 전사자 수의 수십 배에 달해 예정보다 앞당겨 청나라와 협상 절차에 들어갈 수밖에 없었습니다.

  헝춘반도의 열대 기후 덕분에 청나라는 일본과의 대규모 군사 충돌 위기를 넘기며 목숨을 구했지만, 이 사건으로 큰 충격을 받았습니다. 그리고 원인을 찾기 시작했습니다. "생번들은 우리 영향이 미치지 않는 곳에 있는 사람들이니 내가 잘 모를 수밖에! 이번 소동은 일본이 '번지무주(番地無主, 원주민 땅에 주인이 없다)'를 구실로 대만에 쳐들어간 결과다."

  심보정은 대만에 도착한 후 계속 이렇게 땅을 방치할 수는 없다는 생각으로 대만의 방위력뿐 아니라 원주민 지역에 대한 청나라 조정의 통치권을 강화했습니다. 심보정은 일본군이 상륙한 랑차오에 헝춘현을 설치하고 병력을 세 갈래로 나누어 대만 동부까지 전진하기로 결정했습니다. 그는 동서로 도로를 닦아서 화계봉

산으로 내버려두던 원주민 지역을 강제로 청나라의 통치 구역에 끌어들이려고 했는데, 이것이 바로 '개산무번' 정책입니다.

"개산무번은 북, 중, 남 세 갈래로 산길을 내고 한족 이민자들을 보내서 산림 자원을 개발하고 관리하게 하는 거 아니야?"라고 쉽게 생각하는 사람들이 많습니다. 그런데 사실 개산무번이라는 이름은 간단할지 몰라도 실상은 결코 그렇지 않았습니다.

예를 들면 이란현의 쑤아오부터 화롄까지 소위 '소화고도'라고 부르는 북쪽 길의 책임자는 나대춘羅大春이었습니다. 나대춘은 자신이 쓴 『대만해방병개산일기臺灣海防並開山日記』에서 거의 매일 생번이 자신을 괴롭힌다고 하소연했습니다. "가는 길에 만난 두사번(斗史番, 청나라 시대 이란산에 살던 주민—옮긴이)은 흉포하고 특이하다" "흉포한 생번들이 갑자기 튀어나와 소란을 피운 것이 수십 번이다" "갈대숲에서 갑자기 생번이 나와 공격했다".

매일 요란하게 굴며 불시에 쳐들어와 그를 괴롭히는 생번도 문제였지만, 대만 동부의 지형도 만만치 않은 골칫거리였습니다. 대만 화롄에는 칭쉐이 절벽(청수단애)이라는 곳이 있습니다. 절벽 높이가 평균 해발 800미터가 넘고, 태평양과 거의 90도 각도를 형성할 만큼 가파르지요. 기계나 설비가 없던 그 시대에 이렇게 위험한 지형에 길을 내기란 여간 어려운 일이 아니었습니다. 나대춘이 "다난아오(大南澳, 이란현 난아오향에 속한 산간 지역을 의미—옮긴이) 산 중턱에서 다시 신청新城으로 통하는 길을 내서 위험한 해안 낭떠러지를 피하고 흉포한 생번이 못 나오게 막았다"라고 한 것도 어쩐지 이해가 됩니다.

이후 갖은 어려움을 극복하며 장장 118킬로미터에 달하는 북로를 완성했지만, 개통 이후에도 원주민이 자주 출몰해 여행객과 주둔군을 공격했습니다. 사정이 이렇다 보니 상인과 여행객은 물론이고, 주둔군도 이 위험한 길로 지나다니고 싶어 하지 않았습니다. 자연스럽게 몇 년 지나지 않아 이곳은 다시 황폐해졌습니다. 전체 길이가 152킬로미터 정도로 속칭 '팔통관고도八通關古道'라고 하는 중로中路 역시 개통된 지 얼마 지나지 않아 같은 어려움을 겪으며 점차 황량해졌습니다.

한족 관리, 병사, 이민자들에게 개산무번은 고되지만 극복해야하는 위대한 사업이었습니다. 그들은 원주민과 수차례 피 흘리며 싸우고 나서야 조금씩 도로를 낼 수 있었습니다. 원주민들은 어땠을까요? 사실 원주민이 오가는 여행객을 공격하고 살해한 것은 외부인이 자신들의 영역을 침범하지 못하게 하려던 방어 행동이었습니다. 개산의 개開에는 원주민의 거주지를 완전히 열어젖힌다는 의미가, 무번의 무撫는 원주민을 제 마음대로 주무르려는 한족 관리의 고리타분한 우월의식이 숨어 있었습니다.

타이중시 허핑구 타이야족 출신 작가 왈리스 노칸Walis Nokan은 이렇게 말했습니다. "나는 올해 겨울 휴가 때 18권짜리 『대중현지臺中縣志』를 완독했는데, 한족의 개간사開墾史는 보였지만 원주민의 퇴각사退卻史는 전혀 찾아볼 수 없었다."

다양한 시선에서 바라본 개산무번 정책

심보정의 개산무번 정책은 유명전 시대에도 계속되었습니다. 예전에는 '유명전' 하면 대만 북부에 전신선電報線을 가설하고, 우체국을 설립하고, 최초의 철도를 기획한 일을 떠올렸습니다. 심지어 그를 '대만 근대화의 아버지'라고 말하기도 했습니다. 나는 이런 과장된 호칭에는 유보적이지만, 그가 아주 적극적으로 번(원주민)을 '무(짓누르다)했다'는 것만큼은 장담할 수 있습니다.

교육부 사전에 나오는 무撫의 뜻은 "어루만지다, 기르고 보살피다"입니다. 그런데 유명전의 무는 "호되게 때림, 전쟁, 학살"을 의미했습니다. 유명전이 대만 순무臺灣巡撫로 재직하는 동안 크고 작은 '무'번 전투가 스무 건이나 발생했습니다.

1888년 대만 동부 지역에서 다좡(大庄, 지금의 화롄현 푸리[富里]향—옮긴이) 사건이 발생했습니다. 당시 원주민과 한족 이민자들은 추악한 베이난(卑南, 지금의 타이둥) 무간국撫墾局 관리의 억압과 착취를 견딜 수가 없었습니다. 분노가 폭발한 향민 700여 명은 곧장 관청으로 쳐들어가 무간국 관리들을 하나씩 해치웠습니다. 뒤이어 오랫동안 괴롭힘을 당한 화둥종구의 여러 부족도 봉기에 호응하며 청나라 군대의 경계 초소를 하나둘 함락했습니다. 하지만 이런 결집은 청나라 관리에게 위협이자 반란일 뿐이었습니다.

대체 누가 누구를 위협하고 누가 누구에게 반란을 일으켰다는 것일까요? 당시 대만 순무였던 유명전

유명전(劉銘傳, 1836-1896) ◆ 대만 순무로 재직하며 개산무번 정책을 이끌었던 인물이다.

은 즉시 청나라 조정에 함대를 출동시켜달라는 상소를 올렸습니다. 북양 해군 소속인 치원함致遠艦과 정원함靖遠艦을 불러 바다 위에서 직접 난리를 평정하기로 한 것입니다. 이 두 선박은 배수량이 2,300톤, 항속이 18.5노트(1노트는 시속 1,852킬로미터로 18.5노트는 약 시속 34.262킬로미터다 — 옮긴이)에 달했습니다. 북양수사(北洋水師, 청나라 말기에 이홍장이 만든 청나라 해군으로 북양함대와 같은 말이다 — 옮긴이)의 주력 함대 중에 가장 빠른 속도를 자랑하는 순양함이었습니다. 이런 함대를 대만으로 소환한 이유가 고작 탐관오리의 착취를 견디다 못해 폭발한 촌민과 부족을 포격하기 위해서라니, 도무지 이해하기 어렵지요.

수많은 부족민이 교전 중에 목숨을 잃었고, 사건이 끝난 후 많은 지방 지도자가 참수되었습니다. 심지어 마을 전체가 사라진 부족도 있었습니다. 이렇게 많은 사람이 피를 흘리고 끔찍한 학살을 당했지만, 청나라의 공식적인 역사 기록은 이 사건을 가볍게 언급하고 지나갈 뿐이었습니다.

스정평施正鋒 교수는 "번해든, 번변이든, 번란이든 한족의 시선으로 보면 원주민의 항쟁은 재난, 변절, 반란이기 때문에 무력으로 응징해야 할 대상일 뿐이었다"라고 말했습니다.

그렇다면 우리는 언제쯤 원주민의 시선으로 이 사건을 새롭게 바라볼 수 있을까요? 개산이 아닌 침략, 무번이 아닌 토벌, 번해나 번란이 아니라 원주민이 자기 땅을 지키려고 벌인 신성한 전쟁이었다고 말입니다. 역사를 공부할 때 다양한 민족의 다원화된 역사관을 늘 염두에 두어야 합니다. 부디 대만의 역사를 공부하면서, 다양한 민족이 겪었던 고통을 이해하려고 노력해보길 바랍니다.

1871년 류큐의 미야코섬 선박이 조공을 바치고 돌아오는 길에 태풍을 만나 대만 헝춘반도 동해안의 바야오완에 표류했는데, 말이 안 통해서 오해가 생기는 바람에 선원 54명이 파이완족에게 살해되는 사건이 발생했습니다. 당시 야심으로 똘똘 뭉친 일본은 류큐 사람이 대만에서 살해된 일을 구실 삼아 1874년 생번을 단죄한다는 명목으로 군대를 출동시켰습니다. 일본의 군사 행동은 썩 순조롭지 않았음에도 청나라에 큰 충격을 안겼고, 이후 청나라는 해안 방어의 중요성을 깨달아 대만 건설에 박차를 가하게 되었습니다.

8장

선교사들은 왜
머나먼 대만까지 왔을까?

19세기 대만을 찾아온 선교사들

"오늘은 우리가 출항한 후로 폭풍우가 가장 거센 날이라
도저히 책을 읽을 수가 없다. 내가 과연 살아 돌아갈 수 있을까?
어둠 끝에 빛이 오는 것이라면, 이 두려운 밤이 지났을 때
숭고한 미래가 나를 기다리고 있으리라!"

—조지 레슬리 맥케이, 캐나다에서 대만으로 가는 길에 쓴 항해 일기(1871)

19세기 산업 기술과 과학 정신으로 무장한 서양 제국주의 국가들은 세계를 탐색하고 영토를 확장하는 데 거침없이 뛰어들었습니다. 그 결과 1858년 청나라는 영국·프랑스 연합군과의 전쟁에서 패배했고, 두 손 들어 투항했습니다. 전쟁에서 진 청은 자신들이 관할하던 대만에서 안핑, 다거우(지금의 가오슝), 후웨이(지금의 단수이), 지룽 등의 항구를 강제로 개항해야 했습니다.

개항 전 대만은 청나라 외에 다른 나라는 안중에도 없었습니다. 그런데 별안간 항구가 개방되어 서양 각국에서 형형색색의 사람들이 물밀듯이 밀려와 대만 역사에 잔잔한 물결을 일으켰습

니다. 때로는 이 잔잔한 물결이 거친 파도가 되기도 했지요.

대만을 향한 호기심 어린 눈빛과 함께 군사 전략, 경제 무역, 연구 조사, 복음 전파 등의 목적을 가지고 대만에 건너온 서양인들은 외교관, 공무원, 군인, 상인, 학자, 사진사, 선교사 등 웬만한 직업군을 총망라했습니다.

이 외래인들은 그저 항구나 번화한 마을 근처에서만 활동하지 않았습니다. 대만의 자원을 충분히 조사하고 측량하겠다는 목적으로 개척 정신을 발휘해 대만 내륙이나 원주민이 사는 외진 산간 지역으로 발걸음을 옮겨 그 속에서 자신들의 사명을 실행에 옮겼습니다.

그중에서도 특별히 주목할 사람들이 있습니다. 상업적인 이익이나 정치적 목적이 아닌 신의 부르심을 받아 원래 삶의 터전에서 수천 리나 떨어진 대만까지 왔던 선교사들입니다. 이 선교사들은 신의 부름을 일생의 사명으로 삼고 고된 대만에서의 삶을 견뎠습니다. 그들은 선교사이면서 동시에 사랑을 위해 두려움 없이 자신을 바쳤던 복음의 전사들이었습니다.

대만인보다 더 대만인 같던 사람들

이 복음의 전사들을 이야기하기 전에 한 가지 알아둬야 할 기본 개념이 있습니다. 유일신을 믿는 기독교의 종교관과 대만의 전통적인 민간 신앙 사이에는 큰 차이가 있습니다. 유일신 신앙에서 신은 전지전능하고 지극히 선하며 강한 존재입니다. 모든 인류는 신성하고 초월적인 단 하나의 존재, 우주의 유일한 주재자인 그를 믿고 따라야 합니다. 그런데 대만의 민간 신앙에는 이런 관념이 없습니다. 만약 토지공土地公을 섬기고 싶다면, 아무 신당에나 가서 섬기면 되고, 굳이 특정한 신당에 있는 토지공을 섬길 필요가 없습니다. 대만 어디를 가든 그 지역의 마조媽祖나 토지공이 있다고 믿기 때문입니다. 대만의 민간 신앙 세계관에서는 강호를 통일할 가장 강한 마조나 토지공이 필요하지 않습니다.

하지만 기독교 신앙의 세계관은 다릅니다. 교파는 여러 갈래로 나뉘어 있지만 신은 하나입니다. "그러므로 너희는 가서 모든 민족을 제자로 삼아 아버지와 아들과 성령의 이름으로 세례를 베풀고(마태복음 28장 19절)." 기독교인은 어떤 나라든 그곳 사람들이 어떤 피부색이나 눈동자, 머리카락을 가졌든, 가서 하느님의 사랑과 은혜를 전파해야 합니다. 이방 민족을 우상 숭배의 죄악에서 벗어나게 하고, 그들에게 유일하고 참되신 하느님을 알게 하자는 것이 기독교의 가르침입니다. 아무리 멀어도, 아무리 어려워도 부르심을 받았다면 가야 하지요.

영국장로교회가 대만에 파송한 휴 리치에(Hugh Ritchie, 1835-1879) 선교사는 1867년 7월 15일 영국 런던에서 홍콩으로 항해를 준비하던 그레샴호에 몸을 실었습니다. 그레샴호는 날씨가 좋아지고 기상 상황이 안정될 때까지 9일을 연안에 머물렀다가 7월 24일에 비로소 출항했습니다. 대서양을 지나 태평양 지역의 홍콩에 도착했을 때는 이미 117일이 지난 후였습니다. 그러고는 다시 홍콩에서 샤먼으로 이동해 다거우(가오슝)로 가는 배를 탔습니다. 최종적으로 그가 대만에 도착한 날은 1867년 12월

13일이었습니다.

캐나다장로교회에서 파송한, 대만 사람들에게 가장 친숙한 선교사 조지 레슬리 맥케이(George Leslie Mackay, 1844-1901)는 1871년 10월 19일 캐나다 기차역에서 출발해 미국 샌프란시스코 항구로 가서 11월 1일 마침내 대만으로 가는 배에 탑승했습니다. 맥케이는 일본 요코하마항을 지나는 도중에 몇 번이나 뱃멀미로 구토를 심하게 해서 거의 죽다 살아났습니다. 12월 5일 홍콩에 도착한 맥케이는 광둥, 산터우, 샤먼 일대를 돌며 선교 상황을 파악했습니다. 12월 30일 대만 가오슝으로 건너가 수많은 선배 선교사를 방문하고 3월 9일에 정식으로 단수이에 발을 디뎠습니다.

산업혁명 이후인 19세기라고 해도 서양에서 대만으로 오는 길은 시간이 오래 걸릴 뿐 아니라 수많은 어려움이 도사리고 있었습니다. 게다가 이것은 아직 첫 번째 관문에 불과했습니다.

산 넘고 물 건너 대만에 오는 것도 힘들었지만, 문제는 그다음 이었습니다. 대만인과 전혀 다르게 생긴 외국인이 어느 날 갑자기 하느님을 믿으라고 하면서 여신 마조와 헤어지라고, 앞으로 친구도 하지 말라고 하면 이걸 순순히 받아들일 대만인이 어디 있을까요?

더 큰 문제는 대만인이 외국어

조지 레슬리 맥케이(1844-1901) ◆
19세기 대만에서 의료 및 교육 선교를 펼친 캐나다의 선교사로, 대만에서 가장 사랑받는 선교사로 손꼽힌다.

를 전혀 알아듣지 못했다는 사실입니다. 19세기 대만에는 의무교육이 없었고 초등학교 때부터 영어 수업을 시작하지도 않았으며 이중 언어 교육은 더더욱 없었습니다. 그러니 대만에 복음을 전파하고 싶은 선교사들이 최우선으로 삼은 과제는 대만어를 능숙하게 구사하는 일이었습니다.

맥케이는 대만어를 공부했던 과정을 일기로 남겼습니다. 그의 일기에는 날마다 새로운 단어를 100개씩 공부하고 그 단어가 오랜 친구처럼 익숙해질 때까지 계속 복습했다고 적혀 있습니다. 맥케이는 하루에 단어 100개를 외우는 데 그치지 않았습니다. 그는 배운 언어를 써먹어야 실력이 는다는 걸 잘 알고 있었습니다. 수많은 대만인이 자신을 이상한 '번자(番仔, 외국인. 원주민이라는 뜻도 있음)'로 취급하고 자신의 대만어(대만 민난어) 발음이 어색해도 전혀 개의치 않았습니다. 맥케이는 대만인과 많은 대화를 나누었는데, 특히 동네 아주머니들, 길에서 만난 형님들, 소를 치는 아이까지 평범한 사람들과 이야기하는 것을 좋아했습니다.

맥케이는 현지인과 자주 대화하면서 인맥을 쌓았고 평범한 사람들이 일상생활에서 쓰는 용어를 많이 접하며 점점 대만어를 현지인처럼 말할 수 있게 되었습니다. 그는 일기에 이렇게 적었습니다. "그들에게서 책에서는 배울 수 없는 간단한 표현과 수많은 어휘를 배웠다. 이것이 진짜 보통 사람들이 사용하는 언어였다." 맥케이는 각고의 노력으로 언어를 공부한 끝에 놀라운 성과를 거두었습니다. 대만에 와서 대만어를 공부하기 시작한 지 3개월이 지났을 때 그가 말했습니다. "나는 (대만어로) 성경을 읽고 해석하며 질문을 던진다. 그런 다음 찬양하고 기도한다. 나는 대만어를 자유롭게 구사하고 대만어로 생각을 전달하는 데 전혀 어려움을 느끼지 않는다." 3개월 만에 대만어를 유창하게 사용할 수 있게 된 것입니다!

하지만 여러 부족이 모여 있는 대만에서 선교를 하기 위해서는 한 언어를 배우는 것만으로는 충분하지 않았습니다. 하느님 나라를 확장하고 복음을 전파할 때 생길 수 있는 언어적 간극을 극복하기 위해 선교사들은 하나같이 언어 천재가 되어갔습니다. 처음에 민난어를 배웠던 영국의 리치에 선교사는 민난어만으로는 선교할 수 없다는 사실을 깨닫고 객가어를 배워 객가어를 구사하는 최초의 선교사가 되었습니다. 이후 핑푸족이 사는 지역으로 들어갔을 때도 그는 현지 언어를 제대로 익혀야만 핑푸족을 더 빨리 개종할 수 있다는 걸 알게 되었습니다.

선교사들은 가는 곳마다 그 지역 언어를 배웠습니다. 하느님 나라에는 민족과 지역의 구분이 없는데, 역사에 등장한 선교사들은 정말이지 대만인보다 더 대만인 같았습니다.

한 손에는 성경, 한 손에는 메스

선교사들이 현지 언어를 열심히 배워서 대만 현지인과 우호적인 소통을 시도하기는 했지만 '양인'이 전하는 기독교 신앙에 여전히 의구심과 적개심을 가진 사람들이 많았습니다.

1857년에 태어난 임학공(林學恭, 린쉐궁) 목사는 하느님을 믿기 전에 예배당 내부를 처음 보고 이렇게 소감을 적었습니다. "눈을 감은 채 기도하는 사람들을 보고 주문을 외우고 있나 의심이 들었다. 예배당을 자세히 살펴보니 신상도 없고 향을 피우지도 않았다. 사이비 종교가 따로 없었다. 털이 쭈뼛 서고 심장이 두근거려 들어가지는 못하고 그냥 문밖에 서서 모든 광경을 관찰했다.”

임학공 목사의 이런 생각이 당시 수많은 대만인의 긴가민가한 심리 상태를 대변합니다. 기독교에서 말하는 우상 숭배 금지는 대만인에게 신을 모시고 절하는 것뿐 아니라 조상에게 지내는 제사도 그만두라는 말과 다름없었습니다. '정말 이상한 종교 아닌가? 그렇게 한다면 우리가 나중에 무슨 면목으로 신들과 조상님들을 뵐 수 있겠는가?'

대만의 민간 신앙에서 신령과 부처에게 소원을 비는 이유는 현실의 문제를 해결하기 위함이고, 절하는 것은 안전한 항해, 재물복, 시험 합격, 좋은 인연을 찾게 해달라고 기원하기 위함입니다. 민간 신앙에서 자신이 선행을 하게 해달라고 구하는 경우는 거의 없습니다. 향을 피워 절하는 사람 중에 삼주향(불교에서 부처님에게 절할 때 향을 세 개 피우는데 탐[욕심], 진[노여움], 치[어리석음]를 없애기 위해 닦아야 할 세 가지인 계[계율], 정[생각을 쉬는 것], 혜[지혜]를 나타낸다―옮긴이)을 피워 제단 앞에 무릎을 꿇고 “사랑은 오래 참고 온유하며”라고 기도한 뒤 금지(제수용품으로 중국인이 신상 앞에서 태우는 금종이를 말한다―옮긴이)를 가지고 활활 타오르는 화로를 바라보며 “사랑은 교만하지 아니하며”라고 노래할 사람이 어디 있겠습니까?

대만의 민간 신앙은 지극히 현실적이면서, 공명과 이익을 추구한다는 면에서도 기독교 신앙과는 달랐습니다. 여러 신을 공경하며 조상에게 절하는 전통적인 신앙 문화와 큰 차이가 있고, 기도할 때도 현실적인 이익이나 만족을 주지 않는 기독교 신앙을 어떻게 사람들에게 전해야 할까요? 고민 끝에 선교 방법도 좀 더 현실적으로 바뀌어갔습니다.

1865년 대만 최초의 의료 선교사인 영국장로교회의 제임스 맥스웰(James L. Maxwell, 1836-1921)은 이렇게 말했습니다. "의료 선교는 미신과 무지라는 견고한 성을 무너뜨리는 최고의 무기다." 하느님의 말씀은 듣고 싶지 않을지 몰라도, 몸이 아플 때는 있기 마련입니다. 선교사의 말은 듣지 않을지 모르겠지만, 의사가 하는 신신당부는 무시하기 어려웠지요. 더군다나 그 의사가 어떤 난치병도 고칠 수 있는 엄청난 실력의 소유자라면요? 그가 하는 말을 들어볼 마음이 조금은 생기지 않을까요? 그가 믿는 신이 어떤 신이지 조금은 궁금해지지 않을까요?

맥스웰이 바로 그런 의사이자 선교사였습니다. 스코틀랜드 에든버러대학교 의대를 졸업한 그는 학업을 마치고 영국 런던에서 6개월간 레지던트로 일했습니다. 의대를 졸업한 수재로 영국에서 사회적 지위를 누리며 높은 월급을 받으며 살 수 있는데도 스물여덟 살 맥스웰은 영국에 있는 모든 것을 내려놓고 의료 선교를 위해 대만 땅을 밟았습니다.

1865년 6월 16일 맥스웰은 타이난의 작은 주택(지금의 타이난시 중시구 런아이가 43번지)에 병원을 개원했는데, 이곳이 병원이자 전도하는 장소가 되었습니다. 대만 최초의 서양식 병원인 이곳에서 맥스웰은 먼저 하느님의 말씀을 전한 뒤, 환자들을 한 명씩 진찰하고 약을 조제해 주었습니다.

실제로 타이난 사람 중에는 이런 경험을 한 사람들이 꽤 많습니다. 진료 접수가 끝나면 환자들을 전부 모아놓고 강연을 했다는 명의도 있습니다. 환자들은 의사가 생각하는 인생의 도리, 다소 격렬한 정치 논평 등을 끝까지 다 듣고 나서야 진찰을 받고 약을 탈 수 있었습니다. 의사가 하는 말에 동의하든 하지 않든 강연은 끝까지 들어야 했습니다. 강연을 끝까지 듣지 않으면 진찰을 받지 못했기 때문입니다.

맥스웰의 강연이 좋았는지는 잘 모르겠지만 그의 탁월한 의술은 확실히 인정받았습니다. "평범한 사람은 미움을 받지 않는다"라는 말이 있듯이, 맥스웰의 병원이 수많은 환자로 북적이며 인기를 끌자, 전통 중의원은 그를 질투한 나머지 맥스웰을 모함했습니다. 그들은 "맥스웰이 외과 수술을 하는 것이 아니라 사실은 칼로 사람을 죽이고 있다" "그가 심장을 도려내고 눈알을 빼내는가 하면 인육으로 약을 만드는 변태이며, 병원 창고에는 심장과 눈알을 도려내고 남은 시체들이 가득 쌓여있다"라며 헛소문을 퍼트렸습니다.

정말 터무니없는 소문이지만, 순진한 사람들은 허무맹랑한 이야기에도 잘 속아넘어갔습니다. 사람들이 유언비어에 선동되는데도 당시 외국을 적대시하던 관리들은 이렇다 할 제지를 하지 않았습니다. 감정이 격해진 무리의 압박에 못 이겨 결국 맥스웰은 병원 문을 닫고 잠시 타이난을 벗어나 영국 영사가 상주하는 가오슝 치진에 가서 의료 선교 활동을 재개했습니다. 맥스웰은 헛소문으로 고통받았지만, 맥스웰의 의술은 누구도 대신할 수 없었습니다. 다거우 세관에서 일하던 피커링은 이렇게 기록한 바

있습니다. "맥스웰 선생이 퀴닌(키니네)과 백내장 및 신장 결석 제거 수술에서 거둔 신비한 치료 성과 덕분에 얼마 지나지 않아 대만 각지에서 환자들이 수도 없이 몰려왔다."

당시 대만에서 양의사에게 진찰을 받는다는 것은 그야말로 사치나 다름없었습니다. 그런데 맥스웰은 진료비를 일절 받지 않았습니다. 호사스러운 의료 서비스를 무료로 제공한 맥스웰의 인자함과 뛰어난 의술은 근거 없는 소문을 불식시켰고, 그는 얼마 후 타이난으로 돌아와 더 많은 환자를 수용할 수 있는 서양식 병원을 세우고 서로 힘이 되어줄 의사들을 불러 모았습니다.

신에게 감동받지 않을 수는 있지만, 맥스웰의 숭고한 정신에는 감동받지 않기 힘들 것입니다. 나중에 맥스웰은 영국으로 돌아갔지만, 그가 대만에 뿌린 현대 의료의 씨앗은 무럭무럭 자라 환자 수가 크게 늘었고, 후임자가 대형 병원 건축에 착수했습니다. 1900년 새 병원이 준공되면서 맥스웰이 처음에 세웠던 병원의 옛 주소를 새 러우지츠어(樓仔厝, 민난어로 '다층집'을 의미한다 — 옮긴이)로 옮겼는데, 이것이 바로 대만 최초의 서양식 병원으로 불리는 타이난 '신러우新樓 병원'의 유래입니다.

제임스 맥스웰(1836-1921) ◆ 대만 최초의 의료 선교사로 대만 최초의 서양식 병원을 세웠다.

한 손에는 성경, 한 손에는 분필

맥스웰이 솔선수범하면서 다른 선교사들도 의료를 중요한 선교 수단으로 삼았습니다. 대만 북부를 주요 무대로 삼은 맥케이는 베이베이지(北北基, 대만 북부 지역을 가리키는 표현으로 타이베이시, 신베이시, 지룽시를 포함한다 — 옮긴이), 이란, 화롄을 종횡무진하며 10년이 넘는 동안 썩은 치아 21,000여 개를 뽑는 등 하느님의 뜻을 따라 선의를 베풀었습니다.

하지만 계속 외국 선교사에게만 의지해서는 대만에서 기독교가 자연스럽게 발전하고 확장할 수 없었습니다. 기독교 신앙이 대만에서 장기적으로 뿌리를 내리게 하려면 장기적으로 선교할 수 있는 현지 인재를 키워내야 했습니다. 그리고 이 일은 교육에 달려 있었습니다.

1882년 맥케이는 기부금을 모아 단수이에 이학당대서원理學堂大書院, Oxford College이라는 학교를 짓고 학생을 모집했습니다. 그 결과, 총 18명의 학생이 입학했습니다. 이학당대서원은 19세기에 선교사를 양성하기 위한 신학교로 출발했는데, 이후 다양한 분야를 넘나들며 공부하는 현대 교육의 시초가 되었습니다. 그만큼 시대를 앞서나간 학교였지요.

학생들은 '성경' 외에도 중국 역사, 중국 시사詩詞, 자연사, 천문학, 해부학, 생리학, 식물학, 아시아 지리, 패류학貝類學, 의학 관련 문헌 20종을 공부해야 했습니다. 맥케이는 혼자서 이 과목을 모두 가르쳤습니다.

맥케이는 자신이 우주 만물의 창조자인 하느님의 종으로서 만물을 모두 이해하고 공부해야 한다고 생각했고, 그것을 당연하게 여겼습니다. 학생들을 데리고 현장에서 학습하는 것을 사랑했던 맥케이는 이렇게 말했습니다. "다채로운 대자연의 아름다움을 봐. 암석에 앉을 때, 물속을 거닐 때, 시냇물을 바라볼 때 하느님의 신비를 어떻게 이해하지 못할 수가 있겠어! 아! 제대로 하느님을 알기 위해서는 그분 앞에 엎드려야 해."

맥케이는 학생들에게도 부지런히 공부하고, 공부한 내용을 실제로 활용하기를 강조했습니다. 특히 수업에서는 연설과 변론을 많이 훈련시켰습니다. 그는 지식을 달달 외우기만 해서는 안 되고 설명, 비평, 반성할 줄 알아야 한다고 생각했습니다. 문제를 논술하는 능력이 교리를 꿰뚫어보는 통찰력의 깊이를 결정하고, 문제를 해석하는 능력이 복음을 전파하는 설득력을 좌우한다고 보았기 때문입니다.

이런 훈련과 양성 과정 덕분에 학생들은 다양하고 폭넓게 세상을 보고 배우며 말할 수 있게 되었습니다. 그들은 맥케이의 정신을 이어 졸업 후에 각지로 흩어져 교회에서 일하며 차세대 복음의 전사들이 되었습니다.

맥케이는 이 일을 진심으로 사랑하고 즐거워했습니다. 그는 일기에 이렇게 적었습니다. "온종일 여기 신뎬에 있는 학생들을 가르쳤다. 일부 학생들은 바울과 디도처럼 너무나 친절하고 성실하다. 나는 이 일이 좋다. 다들 의욕적으로 공부해서 좋다."

말년에 맥케이는 후두암에 걸리고 맙니다. 목에 종양이 생겨 거의 아무 소리도 낼 수 없었지만, 그는 계속 수업을 이어갔습니다. 눈빛, 손짓, 글과 생의 모든 에너지를 다 써가며 학생들과 교류했습니다.

"다 타서 없어질지언정 녹슬고 싶지는 않다"라는 말이 맥케이의 전도 정신을 잘 보여줍니다. 생명은 유한하기에 더 소중합니다. 가만히 누워만 있으면서 나를 녹슬게 내버려두지 말고, 부단히 노력하면서 이루려는 목적을 위해 필사적으로 불태워야 합니다. 그 과정에서 발생하는 빛과 열이 아주 작은 공간만을 비추고 아주 잠시만 온기를 낸다고 해도, 이로써 우리가 한때 몹시 뜨거웠던 흔적을 세상에 남길 수 있기 때문입니다.

3부

일본
통치 시대

1895~1945

9장

청이냐 일본이냐, 그것이 문제로다

일본 통치 시대의 시작

제2조. 청국은 아래 토지의 주권 및 해당 지방의 성루·병기 제조소 및 관청 소유물을 영원히 일본에 할양한다. 1. 아래의 경계 내에 있는 펑톈성 남부의 땅 [중략] 2. 대만 전도 및 그 부속 도서 3. 펑후 열도, 즉 영국 그리니치 동경 119도에서 120도와 북위 23도에서 24도 사이에 있는 여러 도서.

—1895년 〈청·일 강화 조약〉 중에서

1894년 청나라와 일본은 조선에서 격전을 벌이는데, 역사에서는 이를 '청일전쟁'이라고 부릅니다. 이 전쟁으로 청나라는 큰 타격을 입었습니다. 10년 넘게 유지해온 북양수사(北洋水師, 청나라 말기 근대화된 해군 함대)는 전멸 일보 직전까지 갔고, 주력 전투함 9척 중 7척의 함장이 순직했습니다.

　육지 상황도 참담하기는 마찬가지였습니다. 일본군이 압록강을 넘어 요동반도까지 진격하자 베이징에 있는 자금성은 벌벌 떨었습니다. 청일전쟁에서 완승을 거둔 일본은 다음과 같이 대서특필했습니다. "이것은 메이지유신의 대성공을 의미한다. 일본은 이미 구미를 따라잡았고 '탈아입구脫亞入歐'라는 목표를 확립했다. 대일본제국은 영광스러운 아시아의 발전을 상징하며 진부한 청나라를 물리치고 낙후된 조선을 해방했다!"

매일 전황 속보를 받으며 중국이 거듭 연패하는 모습을 지켜본 일본 정부는 한목소리로 부르짖었습니다. "멈추지 말고 계속 싸워라!"

청나라는 서둘러 협상의 달인 이홍장李鴻章을 일본으로 보내 협상을 진행했습니다. 이홍장은 청나라 말기 중신으로 청나라가 중요한 대외 조약 10여 건을 체결하는 데 도움을 주었습니다. 그는 청나라의 '뒤처리 담당'이라고 해도 과언이 아닐 만큼 이런저런 뒤치다꺼리를 해왔는데, 이번에도 예외가 아니었습니다.

왼쪽부터 이홍장(1823-1901)과 이토 히로부미(1841-1909) ◆ 청나라 말기 정치가로 양무운동을 주도한 이홍장과 일본 초대 총리인 이토 히로부미가 양측의 대표로 협상을 진행하게 되었다.

한편 일본 측 협상 대표는 이토 히로부미伊藤博文였습니다. 일본 초대 총리인 그는 근대 일본에서 두각을 나타낸 정치가 중 한 명으로, 일을 안정적으로 처리하고 수완이 좋았습니다. 이토 히로부미는 일본의 승리를 등에 업고 강경한 자세로 협상에 나왔습니다. 그는 휴전조차 썩 내켜 하지 않았습니다. 이홍장도 평화 협정은 말도 꺼내지 못했지요. 양측은 세 번이나 협상 테이블에 앉았지만 전혀 진전이 없었습니다.

　그런데 그 시기에 갑자기 국제사회가 경악할 만한 암살 미수 사건이 일어났습니다. 1895년 3월 24일 오후, 73세 이홍장이 일본에 머무르며 협상 자리와 거처를 오가던 중 총에 맞은 사건입니다. 총알이 이홍장의 뺨에 명중하면서 현장이 피로 얼룩졌습니다. 그 총알은 이홍장을 즉사시키는 데는 실패했지만 일본 정계

청·일 강화 조약(시모노세키 조약, 1895) ◆ 1895년 청일전쟁에서 승리한 일본과 패배한 청나라가 체결된 강화 조약. 이 조약으로 청나라는 일본에 막대한 배상금을 지불하고, 대만을 넘겨주었다.

의 간담을 서늘하게 했습니다. 총알이 급소를 빗겨나간 덕분에 이홍장은 응급 처치 후 빠르게 건강을 회복했습니다. 하지만 일본은 체면이 영 말이 아니었습니다. "중국의 외교 대신이 자국 내에서 총에 맞다니, 이게 말이 되는가?" 일본은 이홍장이 완쾌한 후 조약 체결을 서둘렀습니다.

1895년 4월 17일 일본 현지 시각 오전 11시 40분에 청나라와 일본 양측은 청·일 강화 조약, 즉 우리가 잘 아는 시모노세키 조약을 체결했습니다. 청나라는 일본에 배상금 은화 2억 냥兩을 지불하고 대만, 펑후 제도를 일본에 영구 할양해야 했습니다. 이 조약은 광서제의 비준을 거쳐 1895년 5월 8일 정식으로 발효되었습니다.

독립할 마음이 있기는 한가?

국제적으로 공식 체결한 청·일 강화 조약을 통해 청나라는 일본에 법적으로 영토를 할양했습니다. 대만과 펑후 제도가 일본에 할양됐다는 소식이 전해지자, 대만의 수많은 지식인이 이는 용납할 수 없는 일이라며 비분강개했습니다. 대만 관원과 거인(擧人, 명청 시대에 향시에 합격한 사람) 다섯 명은 연명으로 글을 올렸습니다.

"적들이 대만으로 쳐들어온다면 우리는 끝까지 함께 싸울 것이다. 죽기 아니면 까무러치기다! 대만이 끝내 함락되거나 우리가 희생되어도 상관없다. 적어도 우리가 함께 노력했다는 사실

이 중요하다. 목숨을 잃더라도 절대 후회하지 않을 것이다. 적들이 싸우러 오기도 전에 대만을 포기했다니, 우리는 결코 이를 받아들일 수 없다. 우리더러 일본인 시중을 들란 말인가? 일본인이 청나라 국민이라면 얼마나 이를 가는지 모르는가? 일본인이 대만인을 업신여길 것은 불을 보듯 뻔하다! 굴욕적으로 살아서 투항하느니 차라리 후회 없이 싸우고 죽어서 의로운 백성으로 남는 편이 나을 것이다."

이들이 이토록 의기충천해서 이야기했지만, 어찌할 도리가 없었던 청나라 조정은 곧 자리를 떠버렸습니다. 대만의 지방 유력 인사들은 청나라 조정의 나 몰라라 내빼는 태도가 영 못마땅했습니다. '이렇게 짐짝 내던지듯 우릴 일본인한테 넘긴다고? 그래, 좋다! 너희가 손을 뗐으니 우리 스스로 우리 섬을 구하는 수밖에!'

국제법을 연구하기 시작한 유력 인사들은 마침내 실제로 써먹을 만한 조항을 찾아냈습니다. "토지를 할양할 때는 현지 주민에게 동의 여부를 물어야 한다. 주민이 순순히 받아들여야 토지 할양이 인정된다." 이들은 대만인이 죽어도 일본에 복종하지 않겠다는 의지를 국제사회에 증명하려고 했습니다. 5월 15일, 대만의 순무(巡撫, 청나라 지방 행정 장관) 당경숭唐景崧은 대표로 대만인의 입장을 국제사회에

당경숭(1841-1903) ✦ 청나라 출신으로 대만 순무를 지냈다가, 일본에 대항하여 독립선언을 발표하고 대만 민주국을 세워 초대 총통이 된다.

알렸습니다.

"제발 대만을 도와주십시오! 우리는 일본 통치를 원하지 않습니다. 세계 각국의 여러분이 나서서 우리에게 힘을 실어주고, 자원을 제공해 대만이 청나라의 품으로 돌아가게 해주신다면, 결코 그 은혜를 잊지 않겠습니다!"

5월 25일, 용감한 대만인들은 오전 9시에 독립 의식을 거행하고 '대만민주국' 성립을 공식 선언했습니다. 대만 순무 당경숭이 대총통을 맡고 먀오리현 퉁뤄 출신의 진사進士 구봉갑丘逢甲이 부총통으로 의용군을 이끌었습니다.

이것이 대만 역사상 최초의 독립운동이라고 말하는 사람들이 있는데, 몇 가지 단서로 이 말이 참인지 한번 추측해봅시다.

단서1: 대만민주국의 국기와 국장國章은 파란색 바탕에 노란색 호랑이다.

단서2: 대만민주국의 연호는 '영청永淸'이다.

단서3: 대총통에 취임한 당경숭이 대만민주국은 "새로운 국가를 받들어 지키고 보호해야 한다"라고 선언했다.

먼저 청나라의 국기는 황룡기로 노란색 바탕에 파란색 용입니다. 대만민주국은 파란색 바탕에 노란색 호랑이입니다. 노란색과 파란색은 대비되는 색이고, 용과 호랑이는 짝을 이루는 마스코트이지요. 국기에 그려진 노란색 호랑이가 그윽한 눈빛으로 서쪽을 바라보고 있다는 점에도 주목해봅시다. 누구를 바라보고 있을까요? 바로 대만의 서쪽, 대륙에 있는 청입니다.

대만민주국의 국기 ♦ 청·일 강화 조약 이후 일본에 대항했 던 대만민주국의 국기.

둘째, '영청'이라는 연호의 의미는 자명합니다. "청나라는 영원 하다." 이는 말 그대로 '돌직구' 사랑 고백입니다. 마지막으로 "새 로운 국가를 받들어 지키고 보호한다"라는 표현은 대만민주국이 청나라를 계속 받들어 모시겠다는, 당신이 진정한 형님이고 우리 는 동남쪽에 있는 동생 나라라는 의미를 드러내는 선언입니다.

세 단서를 살펴보면, 대만민주국은 처음부터 독립할 생각이 없 었습니다. 그저 대만이 일본에 할양되는 것에 반대한다는 의견을 전 세계에 알리기 위해 독립 건국이라는 방식을 채택했을 뿐이지 요. 대만민주국의 건설은 시간을 끌면서 국제사회의 이목을 집중 시키고, 전선戰線을 확대하려는 시도였습니다.

대만이 독립을 선언한 지 4일이 지난 5월 29일에 일본군은 아 오디(신베이시 궁랴오)로 상륙했습니다. 그리고 6월 6일에 당경숭 총통은 빛의 속도로 짐을 쌌습니다. 샤먼으로 몰래 달아나는 데 성공한 그는 비로소 안도의 한숨을 내쉬었습니다. 광시에 고향을 둔 그는 사실 대만의 독립에 큰 뜻이 없었습니다. 그저 대만에 와서 관리가 됐고, 강압에 못 이겨 대만민주국을 성립한 뒤 아무런 힘이 없는 총통이 되었을 뿐이지요. 당경숭은 말했습니다. "그 당시 나는 두려움이 극에 달했었다!"

당경숭이 대만을 떠났다는 소식을 듣고 부총통 겸 의용군 총수 구봉갑도 서둘러 짐을 꾸려 6월 7일에 온 가족을 이끌고 광둥으로 가버렸습니다. 그는 떠나면서 감동적인 명구名句를 남겼습니다. "재상은 땅을 남에게 할양할 권리가 있지만 외롭고 연약한 신하는 그 비참한 운명을 만회할 힘이 없노라." 일본군이 대만에 온 지 며칠밖에 되지 않았는데 비참한 운명을 만회할 힘이 없었다는 게 정녕 사실일까요?

1895년 6월 17일, 일본은 청나라 순무아문(巡撫衙門, 오늘날 타이베이 옌핑난루[延平南路]의 중산당)에서 대만의 초대 총독 가바야마 스케노리와 기타시라카와노미야 나루히사가 지켜보는 가운데 일본이 정식으로 대만을 통치하게 되었다고 발표했습니다. 그 후 일본은 꾸준히 남하한 반면, 마지막까지 타이난을 지키던 류영복劉永福 대장군에게는 지원군이 하나도 남아 있지 않았습니다. 결국 10월 21일 대만민주국은 멸망했고, 11월 18일 일본군이 대만 전역을 통제하게 되었습니다. 가바야마 스케노리 총독은 일본에 상황을 보고했습니다. "섬 전체가 무탈합니다."

만약 나라를 고를 수 있다면

사실 청·일 강화 조약 제5조에 따르면, 대만이 일본에 할양된 후 대만인에게는 국적을 자유롭게 선택할 수 있는 유예 기간이 2년 있었습니다. 1895년 5월 8일 조약 발효일부터 1897년 5월 8일까지는 청나라 사람으로 남고 싶은 사람은 규제 없이 대만을 떠날 수 있었지요. 이때 대만에 남기로 한 사람은 자동으로 일본 국민이 되었습니다.

당시 대만의 총인구는 약 250~280만 명 정도였는데 유예 기간 2년이 지나고 대만을 떠나기로 한 사람은 얼마나 될까요? 당시 정부 통계 자료에 따르면 최종적으로 대만을 떠나기로 한 사람은 총 6,456명, 대만 인구의 0.23~0.25%에 불과했습니다.

의아하지 않나요? 대만 사람들은 일본의 통치를 거부하며 항쟁을 계속했다고 배웁니다. 교과서에도 항일 사건이 끊임없이 나오고요. 게다가 대만민주국을 세웠던 당경숭, 구봉갑은 일본군이 상륙하자마자 잽싸게 대륙으로 가버렸지요. 많은 사람이 일본 통치를 원하지 않았다는 사실은 분명한데, 2년 동안 청나라 사람이 되기로 한 사람은 왜 이렇게 적을까요?

사실 대만 사람들이 일본 통치를 원하지 않는다고 해서 섬을 떠나고 싶은 건 아니었습니다. 대륙으로 돌아간다고 해서 청나라 사람이 될 수 있는 것도 아니었지요. 저는 수업할 때 학생들에게 이렇게 묻습니다. "만일 대만을 떠나 대륙에 가서 청나라 백성으로 살기로 했다면 너희는 혼자 갈래 아니면 온 가족을 데리고 떠날래?"

"선생님, 전 가족들 다 데리고 갈래요. 가족이랑 떨어지면 대만에서 가족들이 어떤 대우를 받을지 몰라서 걱정돼요."

"당연히 가족들이랑 같이 가죠. 그래야 매일 가족을 그리워하지 않아도 되잖아요."

"떠나려면 너희한테 어떤 능력이 있어야 할까? 또 어떤 대가를 치러야 하지?"

"돈도 있어야 하고 배랑 권력도 필요해요. 중국에 땅이 있으면 제일 좋고요. 아마도 영원히 대만으로 돌아올 수 없다는 게 저희가 치러야 할 대가겠죠."

"만약 대만에 남아서 일본 국민이 된다면 남기로 결심한 이유는 뭐지? 떠날 수 없는 거야 아니면 떠나고 싶지 않은 거야?"

학생들이 대답했습니다. "주머니가 텅텅 비었잖아요! 가고 싶어도 갈 수가 없죠!"

일부 학생은 이렇게 말했습니다. "중국에 아는 사람도 없고 환경도 익숙하지 않은데 제가 대만을 떠나서 어딜 가겠어요?"

"그럼 대만에 남는다고 하면 일본에 저항할래 아니면 복종할래?"

저는 학생들이 씩씩하고 용감하게 맞서 싸우겠다고 할 줄 알았습니다. 그런데 아니었습니다. 학생 중 90%는 얌전히 복종하는 쪽을 선택했습니다. 이유는 간단했습니다.

"죽기 싫어서요. 살아 있는 게 중요하잖아요. 살아 있기만 하면 인생에 희망이 있으니까요!"

학생들의 대답이 직설적이긴 해도 백여 년 전 대만인의 선택에 숨겨진 진실을 여실히 보여줍니다. 대만을 떠날 수 있었던 사람은 대부분 돈과 권력을 가졌거나 대륙에 부동산을 소유한 이들뿐이었습니다. 대만을 떠난 6,456명 대부분이 중상층 대만인이었지요.

반면 떠날 수 없는 사람들은 나고 자란 고향과 가족이 이곳에 있는 사람들이었습니다. 평범한 백성의 바람은 그저 잘 먹고 잘 사는 것이었습니다. 어차피 누군가에게 복종해야 살아갈 수 있다면, 통치자가 청나라든 일본이든 그들에게는 중요하지 않았습니다. 물론 저항하기로 결심했다면 이야기가 달라지지요. 어떤 통치자인가에 따라 생존을 심각하게 위협받을 수 있으니까요. 그러니 저항했던 이들은 어쩔 수 없이 자기 목숨을 내걸고 있는 힘껏 싸울 수밖에 없었지요.

일본과 청나라의 정권 교체 역사를 바라볼 때 특별히 주의해야 할 점은 현재의 시점으로 이 사건을 판단하면 안 된다는 것입니다. 당시 사람들은 '일본'의 통치를 받는다는 사실이 두려운 게 아니라, '낯선 사람'의 통치를 받는다는 사실이 두려웠습니다.

낯선 사람에게는 의심과 두려운 마음이 들게 마련입니다. 새로 온 통치자가 자신들을 어떻게 대할지 모르기 때문에 걱정되고, 익숙하지 않아서 겁이 나는 것이지요. 이렇게 두려움에 떨고 있는 대만인과 함께 앞으로 나아갈 방향을 모색하는 일이 새로운 통치자 일본의 고민거리였습니다.

설레기도 하고 두렵기도 한 일본

일본 최초의 해외 식민지가 바로 대만이었습니다. 첫 식민지 통치를 앞두고 일본은 기대 반 두려움 반이었습니다.

일본이 기대감에 차 있었던 이유는 대만 통치가 서구 열강에 자신의 실력을 증명할 절호의 기회였기 때문입니다. 만약 일본이 문맹률이 높고, 낙후된 데다 비위생적이기까지 한 대만을 발전시 킨다면 일본이 현대적 문명 국가임을 증명할 수 있다고 생각했 기 때문입니다. 일본은 첫 식민지부터 능숙하게 통치하는 모습을 보여주면서 서양 국가와 나란히 어깨를 견주고, 심지어 언젠가는 서구 열강을 뛰어넘겠다고 생각했습니다.

한편 일본은 식민지 통치로 자국이 피해를 입을까 봐 두렵기도 했습니다. 일본인에게 '귀도鬼島' 대만이 얼마나 무서운 곳이었는 지 1874년 모란사 사건만 봐도 알 수 있습니다. 모란사 사건 때 대만을 공격한 일본군은 약 5,900명이었지만 열대 섬나라 대만 에서 병에 걸린 사람은 연간 10,049명에 달했습니다. 즉 평균적 으로 병사 한 명이 대만에 와서 싸우면 두세 번은 병에 걸린다는 말과 같았습니다. 대만에 와서 전쟁으로 죽을 확률보다 병으로 죽을 확률이 훨씬 높았지요.

청·일 강화 조약 체결 후 일본군은 대만으로 진격해 대만을 점 령하고 5월부터 연말까지 전쟁을 벌였습니다. 일본군 부상자 수 는 515명, 전사자 수는 164명이었지만, 병에 걸린 병사 수는 무 려 26,994명였고 그중 4,622명이 사망했습니다.

대만이라는 이 '뜨거운 감자'를 어찌하면 좋을까요? 식민지 통 치 초기에 일본은 이 문제를 놓고 수없이 의논했습니다. 심지어 대만의 문제는 지리 환경이 아니라 사람이라는 견해도 나왔습니 다. "섬은 남기되 사람은 남기지 말자." 대만인을 모조리 쫓아내 고 근면하고 우수한 일본인이 '섬 주민'의 자리를 대신하면 일본 인의 우수한 민족성을 이용해 대만의 자원을 충분히 개발하고 이 새로운 영토가 주는 풍요로운 산물을 마음껏 누릴 수 있다는 논리였습니다.

대만이 '밑지는 상품'이라는 견해도 있었습니다. 통제 불능인 데다 지방은 어수선하고 전염병도 잦아서 굳이 힘들여 전쟁을 하지 않아도 대부분은 조만간 병으로 죽어나갈 게 뻔했습니다. 대만 통치 이후 군비 지출이 계속 늘어서, 이렇게 가다가는 하루라도 빨리 손 털고 나가는 편이 나아 보이기도 했

고토 심페이(1857-1929) ✦ 일본 이와테현 출신으로 의사이자 정치가였다. 대만 총독부 민정국장으로 발탁되어 대만에서 현대적 의료 정책을 추진하려 했다.

습니다. 대만 총독은 1억 엔에 대만을 프랑스에 팔아넘기거나 청나라가 다시 가져가도록 해보자고 국회에 제안했습니다.

대만 통치를 주저하고 방황하는 심리는 일본이 대만을 통치한 지 3년이 되는 해에 제4대 총독 고다마 겐타로와 민정장관 고토 심페이가 대만에 온 후에야 어느 정도 개선됩니다.

고토 심페이는 독일에서 유학하며 의학 박사 학위를 취득한 실무형 인재로, 대만에 오자마자 대규모 조사를 추진했습니다. 그는 대만인과 일본인은 근본부터 다르다고 생각했습니다. 따라서 대만인과 일본인을 같은 방법으로 통치하면 성공할 수 없다고 판단해 문화, 습관, 종교, 풍습 등을 포함한 각종 대만 관련 자료를 부지런히 수집했습니다. 지피지기면 백전백승이라고 했던가요?

고토 심페이는 대만을 막무가내로 통치할 수 없으며 반드시 대만의 기존 풍습과 습관에 따라 정책 방향을 계획해야 한다고 보았습니다. 따뜻한 물에 천천히 개구리를 삶는 것처럼 서서히 대만인을 길들이겠다는 생각이었지요.

그는 당시 일본이 대외적으로 팽창주의 정책을 표방한 만큼 적극적으로 식민지를 확장하고 싶어 한다고 생각했습니다. 그렇기에 첫 식민지인 대만이 더욱 중요했습니다. 고토 심페이는 대만에서 공중위생과 현대 의료 정책을 추진하는 데 온 힘을 쏟아야 한다고 주장했습니다. '귀도' 대만을 일본인이 편안하게 생활할 수 있는 환경으로 만들면 일본의 식민 통치가 성공했다는 의미를 넘어서 열대 지역 의학 연구에서 거대한 성과로 기억될 것이라고 보았지요. 더 나아가 대만을 일본의 남진南進을 위한 전초 기지로 삼으려 했습니다.

고토 심페이는 고다마 겐타로 총독이 위임한 권한과 무한한 신뢰에 힘입어 대만에서 무려 8년 8개월간 재직하며 치밀하게 데이터를 수집하고, 인프라 건설을 대대적으로 추진했습니다. 타이베이의 공공 하수도는 도쿄보다 2년 앞서 완공되기도 했습니다. 1906년 29.7세였던 대만인의 평균 수명이 1910년에는 36.1세로 늘어났습니다.

물론 이런 성과가 나타난 것은 사실이고 다음 장에서도 계속 일본이 추진한 사업들을 살펴보겠지만, 일본은 결코 자선 사업가가 아니었습니다. 그러니 이런 성과가 일본 나름대로 목적과 이익을 고려해서 추진한 식민 사업의 결과였다는 점을 잊어서는 안 될 것입니다.

타파니 사건噍吧哖事件

일본 통치 시대였던 1915년에 타이난 타파니에서 일어난 대규모 항일 무장 봉기 사건으로, 시라이안 사건이라고도 부릅니다. 일본이 개인의 장뇌 채굴을 금지하고 토지를 국유화하는 등의 경제 제재를 가하자 수많은 사람이 일본 통치에 불만을 갖게 되었고 위칭팡, 뤄쥔 등의 인물이 봉기를 일으켰습니다. 이 봉기는 타이난 지역에서 빠르게 확산되었지만, 결국 일본 제국과의 교전 끝에 진압되어 2천여 명이 체포되었고, 860여 명이 사형 판결을 받았습니다. 흔히 대만은 일본 통치에 비교적 순응하면서 지냈다고 생각하기 쉽지만, 사실 대만에서도 크고 작은 항일 운동이 일어났음을 보여주는 대표적인 사건입니다.

10장

대만인을 일본의 국민으로 개조한다고요?

대만의 신교육

십년수목, 백년수인 十年樹木, 百年樹人
"나무를 기르는 데는 십 년이 필요하고
인재를 기르는 데는 백 년이 필요하다"
―중국의 격언

학창 시절 추억이라고 하면 머릿속에 무엇이 떠오르나요? 매일같이 지우개를 빌렸다가 돌려주지 않던 친구? 아니면 여기까지만 하고 끝내자더니 쉬는 시간까지 이어서 수업하던 선생님?

오늘날 대만 사람들에게 익숙한 학교생활은 시간표대로 과목에 따라 다양하게 수업을 진행하는 형태인데, 사실 이런 모습이 등장한 것은 일본 통치 시대부터입니다.

청나라 시대에 대만은 여전히 중국의 전통적인 유교 교육에 머물러 있었고, 당시 가장 보편적인 학교 형태는 사숙私塾이었습니다. 사숙이란 교사가 자기 집으로 학생들을 불러 수업하거나 마을 사람들이 돈을 모아서 교사를 초청해 수업을 듣는 형태입니다. 이때는 책을 읽고 글을 쓰는 능력을 배양하는 것이 교육의 주된 목적이었습니다. 간단한 교재로 삼자경三字經과 천자문이 있었고 진급하면 사서오경四書五經을 교재로 활용했습니다. 실력이 좋은 학생은 팔고문八股文 쓰기를 연습했는데, 팔고문은 당시 과거시험에서 규정한 표준 글쓰기 양식이었습니다.

청나라 시기 부모들은 아이를 학교에 보내 글을 읽고 쓰는 기초 능력을 쌓게 함으로써 훗날 자녀가 과거시험에 응시해 공을 세우거나 이름을 떨쳐 남들보다 뛰어나게 되기를 바랐습니다. 그러니 지금은 필수인 체육 수업이나 음악 수업은 전혀 찾아볼 수 없었지요.

일본은 이 새로운 영토인 대만을 어떻게 다스릴지를 두고 수많은 논의를 거듭했습니다. 10년 전만 해도 일본에게 대만은 그저 낯선 남의 땅에 불과했습니다. 하지만 앞으로는 대만 사람들을 일본의 새로운 국민으로 철저하게 개조해야 했지요. 그러려면 어떤 방법이 가장 효과적일까요?

바로 '교육'입니다. 어느 소련 시대 교육자는 독재자 스탈린의 말을 인용해 교육자들을 "인류 영혼의 엔지니어"라고 묘사했습니다. 근사한 연설 한 번으로 많은 사람을 세뇌할 수 있을지는 모르지만, 한 세대를 상대로 대규모 개조를 추진하려면 교육보다 좋은 방법은 없습니다.

물론 교육에는 오랜 시간이 걸립니다. 하지만 계획을 정교하게 세우기만 한다면, 사람들을 자기도 모르는 사이에 통치자가 선호하는 모습으로 기를 수 있는 가장 효과적인 방법이 바로 교육입니다. 그래서 일본도 즉각 효과가 나타나는 단순하고 거친 통제 수단보다 적절한 교육으로 가늘고 길게 사람들을 개조하는 편을 택했습니다. 이제 일본 통치 시대에 대만의 신식 교육이 어떻게 발전했는지 함께 살펴보겠습니다.

새로운 '국어', 새로운 가능성

당신은 몇 살 때부터 산타클로스의 존재를 믿지 않게 되었나요? 몇 살 때부터 엄마가 당신 대신 받은 세뱃돈을 어디에 두는지 의심하기 시작했나요?

아마 상당히 어린 시절일 것입니다. 그래서 교육은 아주 어릴 때부터 시작해야 효과적입니다. 일본 통치 시대의 초등 교육은 통치자가 연구 개발에 가장 많은 공을 들였던 단계이자, 당시 대만에서 공부하는 사람 수가 가장 많고 영향력이 가장 큰 교육 단계였습니다.

비록 여러 시기를 거쳐 수없이 조정되기는 했지만, 전체적으로 일본 통치 시대 대만인에게 가장 중요한 초등 교육 기관은 '공학교公學校'였습니다. 공학교에서는 지금의 국민소학國民小學 단계에 해당하는 7~12세 취학 연령 어린이를 주로 모집했습니다.

'공학교'는 기본적으로 대만 현지 학생만 모집했고, 대만에 있는 일본인의 자녀는 '소학교小學校'라는 별도의 공간에서 교육받았습니다. 본도인(本島人, 대만 현지 한족), 내지인(內地人, 대만에 있는 일본인)의 학교 시스템도 제각기 달랐습니다. 어쨌든 한쪽은 피식

일본 통치 시대 루이팡공학교의 교사와 학생 단체 사진 ◆ 일본 통치 시대에 대만인을 위한 공학교가 세워졌지만, 교통과 일손 부족 등의 문제로 진학률은 높지 않았다.

민자, 다른 한쪽은 식민자라는 신분의 차이 때문에 학교도 다를 수밖에 없었습니다.

그럼 '공학교'에 들어간 학생들은 수업을 얼마나 많이 들었을까요? 어떤 과목들을 공부했을까요? 현재 대만의 저학년 학생(초등학교 1, 2학년)의 경우 종일 수업이 있는 화요일을 제외한 나머지 나흘은 정오에 수업이 끝납니다. 주당 수업 시수는 총 23시간이지요. 주요 과목은 국어, 수학, 생활, 현지어, 영어, 체육, 건강, 미로(美勞, 만들기, 미술, 노작[가사, 농사, 공예 등] 등이 포함된다―옮긴이)이며 시수가 가장 많은 과목은 국어(6시간), 그다음은 수학(4시간)입니다.

1912년(다이쇼 원년) 공학교 수업 시간표를 보면 일본 통치 시대의 공학교 학생들은 지금 학생들보다 더 바빴습니다. 저학년에 해당하는 학습 단계에서 주당 수업 시수는 26~28시간이었고 주요 과목은 국어, 산수, 한문, 수신(修身, 학생 생활에 기초해서 성장 과정을 추적하고 학생의 정신적 소양을 기르며 행동 습관을 양성하는 종합적인 활동 수업 — 옮긴이), 수공手工 및 회화, 가창, 체조였습니다. 이 중 국어 수업 시수는 총 12시간으로 압도적인 비중을 차지했습니다.

일본 통치 시대의 국어는 지금 대만 사람들이 쓰는 국어가 아니라 당연히 일본어였습니다. 공학교에서 '국어' 과목 시수가 왜 그렇게 많았을까요? 언어는 소통의 도구일 뿐만 아니라 한 민족의 정신과 역사, 문화를 담고 있습니다. 그래서 어떤 언어를 이용해 소통하고 의사를 표현한다는 것은 그 언어 이면에 깔린 문화적 맥락을 사용해 사고한다는 것을 의미합니다.

국어 과목 시수가 높은 비중을 차지하는 것은 대만인을 일본에 동화시키려는 일본의 강한 의지를 나타냅니다. 대만 사람들은 이를 순순히 받아들였을까요? 당시 학부모는 일본어를 배우는 데 상당한 반감을 드러냈습니다. "나는 당산인(唐山人, 대만에서 대륙 사람을 부르는 호칭 — 옮긴이)인데 외국말을 배워서 어디에 써먹습니까?"

대만 현지 학부모는 아이가 일본어를 배우는 데만 불만이 있는 것이 아니었습니다. 아이가 학교에 가서 시를 읊거나 책을 암송하는 대신 노래를 부르고 체조하는 걸 보면서 머릿속이 온통 물음표로 가득 찼습니다. 전통적인 한족 사회에서 노래나 춤은 사회적 지위가 낮은 광대의 일이었습니다. 남보다 앞서갈 수 있게 공부하라고 학교에 보냈더니 체조를 배워오는 당시 교육 시스템 때문에 학부모들의 걱정은 이만저만이 아니었습니다. '이건 뭐 하는 거지? 왜 학교에 가서 체력 단련을 해야 해? 예비군을 양성하려는 건가? 우리 애가 나중에 군대에 끌려가려나? 제대로 수업을 안 할 거면 차라리 집에서 농사나 짓고 소에게 여물 먹이는 걸 돕는 편이 낫지 않을까?'

대만 사회가 전혀 다른 두 교육관의 충돌을 단시간에 소화하기란 쉽지 않았습니다. 하지만 시간이 흐르면서 대만인도 차츰 신식 교육의 장점에 눈을 뜨기 시작했습니다.

먼저 일본어는 현대적인 지식을 흡수하는 데 한문보다 훨씬 유리했습니다. 일본은 일찍이 메이지 유신(1868년) 이후부터 발 빠르게 해외 최신 과학 지식, 사회 트렌드를 대거 일본어로 번역했습니다. 한문은 공자나 맹자를 외는 데밖에 써먹을 수 없었지만, 일본어에 능통하면 시대의 흐름을 놓치지 않고 서양의 최신 사상까지 습득함으로써 앞으로 대만 사회 발전을 이끌어가는 데 없어서는 안 될 현대 지식인이 될 수 있었습니다.

일자리를 구할 때도 언어를 하나 더 할 줄 알면 훨씬 유리했습니다. 2018년 어느 말레이시아 관광객이 캄보디아 앙코르와트를 여행하다가 현지 기념품을 팔러 다니는 살릭이라는 소년을 우연히 만난 적이 있습니다. 살릭은 더 많은 외국 관광객을 모으기 위해 총 16개 언어를 구사했고, 관광객이 그와 찍은 사진을 페이스북에 올리면서 살릭은 그야말로 유명 인사가 되었습니다. 일본 통치 시대 대만에서도 가난한 집안 출신이었지만 공학교에서 일본어를 배운 덕분에 자신의 인생에 또 하나의 기회를 만든 학생들이 많았습니다. 이 중에는 농업에서 상업으로 업종을 전환하거나 말단 공무원이 되는 사람도 있었습니다.

운동회, 야외 수업 등으로 바쁜 학교

일반적인 공교육을 받았다면 봄이나 가을에 열리는 운동회에 참여한 적이 있을 것입니다. 학생들은 특히 이어달리기를 부지런히 연습했지요. 순서 정하기부터 도움닫기, 배턴 전달하기까지 전교생이 1등의 영예를 얻기 위해 부지런히 움직였습니다. 학교는 학교대로 학생들을 모아 각 반 깃발과 번호판을 들 대표, 선서를 낭독할 선수 대표를 뽑아서 대열을 맞추며 입장하는 연습을 시켰습니다. 개회식, 음악 연주, 내빈 착석, 국가 및 교가 제창 등 각종 의식뿐 아니라 흐트러짐 없는 대형과 사기가 고양된 모습을 보여주기 위해 리허설을 반복하고 또 반복했습니다.

사실 학교에서 운동회를 개최하는 진정한 목적은 개교기념일을 축하하기 위해서도 아니고 단순히 재미를 위한 것도 아닙니다. 운동회는 사실 일종의 정신 훈련입니다. 현직 도쿄대학교 요시미 순야吉見俊哉 부총장은 자신의 연구에서 지난날의 운동회는 '어린이 버전 군사 훈련'이었다고 언급했습니다.

대만의 공학교에서는 대략 1907년 이후부터 정기적으로 운동회를 개최했습니다. 오늘날과 마찬가지로 개막식 때 교직원과 학생이 입장 후 대오隊伍를 갖추고 나면 국기를 마주하며 국가를 제창했습니다. 물론 당시 그들이 마주한 것은 일본 국기, 함께 제창한 것은 일본에 대한 충성심과 공동체 의식을 나타내는 일본 국

일본 통치 시대 학교 운동회 풍경 ◆ 1941년 촬영된 사진으로 운동회에서 춤, 줄다리기, 말 타기 등 다양한 경기가 열리는 모습을 엿볼 수 있다(마유청 작가 제공).

가 '기미가요'라는 점이 다르지요.

운동회는 주로 기술을 겨루는 경기競技 활동으로 구성되었습니다. 예를 들면 학생들은 홍과 백 두 팀으로 나뉘어 기마전을 벌여 각자 진지를 선점했습니다. 경기 활동 외 체조 시범도 있었지요. 남학생, 여학생 할 것 없이 체조 공연에 참여해 일사불란한 동작을 선보였습니다. 모든 활동이 끝나면 폐막식 때 다시 모여서 '기미가요'를 불렀습니다.

운동회에는 일본을 향한 충성심과 동질감, 애국정신을 대만 사람들에게 주입하고 군국주의의 영예와 질서를 끊임없이 홍보하려는 의도가 담겨 있었습니다. 예전에는 학교에서 "인지초 성본선(人之初 性本善, 중국 어린이들이 많이 배우는 삼자경의 첫 구절로 '사람은 본래 선한 본성을 가지고 태어나며'라는 뜻이다 ─옮긴이)……"을 낭독하는 낭랑한 목소리만 울려 퍼졌다면, 이제는 운동장에 모두가 함께 모여 행사를 치르게 되었지요.

일본 통치 시대 대만 최초의 대형 신문 『대만일일신보臺灣日日新報』는 당시 운동회를 이렇게 보도했습니다. "좋지 않은 날씨에도 2천 명 이상이 참여했는데, 대부분 본도인과 생도生徒의 학부모였다. 수많은 사람이 모여 참관했는데 하나같이 즐거워 보였다. 14일에 다다오청 공학교를 위해 가을 운동회를 열었는데 … (중략) … 내빈 외에도 수천 명의 구경꾼이 혀를 내두르며 칭찬했고, 4시에 운동회가 끝나 다들 자리를 떠났다."

이 기록만 보면 마치 올림픽 정도의 행사를 보도하는 것 같기도 합니다. 그 정도로 공학교 운동회는 큰 행사였지요.

운동회뿐만 아니라 현장 학습도 있었습니다. 요즘 대만 학교의 현장 학습, 특히 졸업여행은 대부분 입찰 공고를 내 전문 업체에 맡깁니다. 남부 사람들은 중북부의 펑자(逢甲, 봉갑) 야시장, 단수이에 주로 가고, 북부 사람들은 중남부에 있는 의대세계(가오슝 최대 규모의 레저, 관광, 쇼핑, 오락을 즐길 수 있는 테마파크 — 옮긴이)나 컨딩에 가지요. 남북 경계에 있는 놀이공원은 모든 대만 학생이 집결하는 핫플레이스가 되었습니다.

교육 현장에 오랫동안 몸담은 사람으로서 천편일률적으로 진행되는 이런 현장 학습은 교육적인 의미가 퇴색된 채 주로 오락과 레저 기능만 남아, 학생들에게 단체 활동의 추억을 만들어주는 행사 정도로 변했다는 생각이 듭니다. 여기에 비하면 일본 통치 시대의 현장 학습은 비교적 착실하게 진행되었습니다.

지금의 타이난시 중시구의 융푸궈샤오永福國小는 일본 통치 시대에는 난먼소학교였는데, 그 당시에 학생들을 위해서 여름 여행을 마련했습니다. 학생들은 남학생과 여학생으로 나뉘어 따로 출발했고, 관쯔링 온천에서 일주일간 현장 학습을 진행했습니다. 총 6박 7일인 셈이지요. 게다가 학생들이 온천 여행의 의미를 제대로 느낄 수 있도록 하루에 세 번씩 온천을 하게 했는데, 그야말로 진정한 '몰입식 체험'이었습니다. 온천 일정 외에도 교사들이 학생들을 데리고 관쯔링 야외에서 자연을 답사하며 주변 동식물의 생태를 탐색했고, 밤이 되면 함께 모여 낭독이나 토론을 하면서 대화하는 시간을 가졌습니다.

타이베이시 다퉁구의 르신궈샤오日新國小는 일본 통치 시대에는 르신공학교였습니다. 당시 이 학교 4학년 학생들은 타오위안의 자오반산으로, 5학년 학생들은 양밍산으로 소풍을 갔습니다. 나이가 좀 더 많은 학생들은 자이의 주산으로 소풍을 갔지요. 이 사실로 미루어 보면 당시에는 소풍 일정에 등산 같은 신체 활동을 집어넣어 어린 학생들도 자연과 가까워지고 신체를 단련할 수 있게 했다는 것을 알 수 있습니다. 물론 요즘 학생들은 별로 좋아하지 않을 테지만요.

대만인을 일본인으로 길러내는 교과서

어린아이들은 다양한 책을 읽을 기회가 많지 않기 때문에, 교과서에서 무엇을 배우느냐에 따라 세상을 이해하는 방식이 많이 달라집니다. 특히 정보가 발달하지 않던 시대에는 교과서가 그들이 만난 첫 책일 가능성이 높았지요. 심지어 누군가에게는 교과서가 한평생 가져본 유일한 책일지도 모릅니다.

따라서 교과서는 당시 통치자가 추구하는 이념을 담아 집필하게 됩니다. 예를 들어 청나라가 지배하던 대만은 유교 사상으로 민중을 교화했는데, 아동 계몽 도서 『삼자경』은 사실 간단해 보여도 그 안에는 충효절의忠孝節義처럼 사람이 지켜야 할 도리가 옹골지게 담겨 있습니다.

그렇다면 일본 통치 시대 교과서에는 어떤 내용이 실렸을까요?

아래 글은 1918년 출판된 공학교 국어 교과서 권6 제1과 「메이지 천황明治天皇」의 본문 내용을 발췌한 것입니다. "메이지 천황은 위대한 사람입니다. 이분이 천황으로 재임하던 시대에 우리나라는 더 번성했고 우리는 그에게 은혜를 입었습니다. 예전에 대만에는 사람들을 해치는 토비土匪가 많았는데 천황이 요시히사 친왕能久親王을 보내 난적을 토벌했습니다. 그 밖에 천황이 대만에서 일어나는 일들을 걱정하며 신경 쓴 덕분에 우리는 이곳에서 편안한 나날을 보낼 수 있었습니다."

공학교 국어 교과서 권7 제1과 「황후 폐하皇后陛下」의 내용도 발췌해보겠습니다. "황후 폐하는 메이지 17년(1884년) 6월 25일에 태어났습니다. 그녀는 모든 부분에서 뛰어났는데 산업에 특히 많은 공을 들였습니다."

계속해서 공학교 국어 교과서 권8 제1과 「천황 폐하天皇陛下」를 살펴봅시다. "천황 폐하는 메이지 12년(1879년) 8월 31일에 태어났습니다. 34세가 되던 해에 메이지 천황의 뒤를 이어 우리 나라의 천황이 되었습니다. 어려서부터 총명하고 문무를 겸비한 자애로운 천황의 보살핌을 받으며 지낼 수 있는 것은 우리에게 정말 기쁜 일입니다."

세 국어 교과서의 제1과 주제는 전부 일본의 천황 아니면 황후입니다. 본문 내용에는 '우리 나라', '우리'라는 표현이 끊임없이 등장합니다. 이런 교과서로 10년, 20년을 공부한 대만의 다음 세대가 그들이 살고 있는 나라를 어떻게 이해하게 되는지는 불 보듯 뻔한 일입니다. 여기서 우리 나라는 청나라도 중화민국도 아닌 대일본제국을 가리킵니다. 이런 내용을 계속 접하게 된다면 '우리가 사랑하고 존경하는 사람은 위대하고 자애로운 천황 폐하다'라고 생각하게 되지 않을까요?

학생의 품행을 기르는 '수신修身' 교과서에도 일본화를 의도한 내용이 들어 있습니다. 1914년 출판된 공학교 수신 교과서에는 학생들에게 모범이 될 만한 대표적인 인물 29명이 등장합니다. 여기에는 진무 천황神武天皇, 메이지 천황, 다이쇼 천황大正天皇, 닌토쿠 천황仁德天皇, 다이고 천황醍醐天皇, 심지어 아마테라스 오미카미(天照大神, 일본 건국 신화에 나오는 태양신으로 일본 천황의 조상신이다—옮긴이)도 포함되었는데 대만 사람은 단 두 명뿐이었습니다. 대만의 인물 중 일본의 도덕 교과서에 이름이 올라갈 만큼 뛰어났던 두 인물은 대체 누구였을까요?

한 명은 청나라 시대에 평산현 지현(知縣, 현의 장관)으로 관개 공사인 조공천曹公圳을 통해 치수(治水, 물을 다스려 홍수를 막는 일)에 공을 세운 조근曹謹이고, 다른 한 명은 오봉吳鳳입니다. 허구 이야기에서 오봉은 출초(出草, 원주민이 적의 목을 베는 행위—옮긴이)라는 원주민의 악습을 개선하기 위해 희생을 마다하지 않은 인자한 관리로 등장합니다.

어쩐지 일본의 의도가 뻔히 드러나지 않나요? 일본을 사랑하고 일본에 충성하며 일본의 모든 사업이 다 백성들을 위하는 일이라고 믿게 만들기 위한 내용입니다. 고분고분 말을 잘 듣고 국가가 하는 일에 협조하며 일본을 위해 어떤 희생도 감수하겠다는 마음을 먹는 사람이야말로 통치자가 바라던 훌륭한 국민의 모습이었습니다.

어느 시대에나 교육은 당시 통치자의 통치 수단이었습니다. 교과서는 통치자의 사상을 선전하는 도구나 다름 없었지요. 다만 그들이 표방하는 가치가 사회 변화에 따라 계속 달라져왔고, 그것을 포장하는 방법도 시대 발전에 따라 진화해왔다는 차이가 있을 뿐입니다.

어느 시대든 공교육에 심혈을 기울입니다. 그러니 배우는 내용이 아무리 흥미로워도 섣불리 모든 내용을 믿어서는 안 되고, 스스로 그 내용이 정말 맞는가를 치열하게 고민해야 합니다. 이 세상에 당신을 대신해 문제를 고민해줄 사람은 아무도 없으니까요.

일본은 1936년 발발한 중일전쟁 이후, 대만으로부터 전쟁에 필요한 인적, 물적 자원을 얻기 위해 적극적인 동화 정책을 펼쳤습니다. 이를 천황의 백성으로 만든다는 뜻의 '황민화' 정책이라고 부르기도 합니다. 이 시기에는 일본어 사용이 강제되었고, 학교에서도 일본어를 가르치게 했습니다. 1940년에는 창씨개명을 실시하여 일본식 이름으로 개명을 하도록 했고, 신사 참배를 강요하기도 했습니다. 하지만 조선에서 강제 징집과 창씨 개명이 이루어진 데 반해, 대만에서는 군대에 지원하고 창씨개명을 한 사람들에게 경제적 특혜를 주어 자발적으로 이 정책에 따른 사람도 적지 않았습니다.

11장

100년 전 사람들은
무엇을 하고 놀았을까?

일본 통치 시대 레저와 오락

"심신을 단련하는 일에는 신체를 튼튼하게 하고
신경을 발달시키며 도덕성을 함양하고
지식을 쌓는 것과 마찬가지로 오락도 포함된다….
오락은 인류의 천성이며 생존에 필요한 요소다."

— 『대만민보』

누구나 휴일에는 하고 싶은 일을 하며 자유롭게 시간을 보내고
싶어 합니다. 집에 틀어박혀 드라마를 정주행하고 게임이나 베란
다에서 식물 키우기를 즐기는 '내향형 인간'이든, 골목 구석구석
을 돌아다니며 '맛집' 탐방을 즐기는 '미식가'든, 등산, 캠핑, 소계
(계곡물 하류에서 상류로 지형적 장애를 극복하며 정상까지 등반하는 탐
험 활동 ─ 옮긴이)를 즐기는 '외향형 인간'이든 마찬가지입니다. 대
만 사람들은 언제부터 여가를 즐기게 되었을까요?

바로 일본 통치 시대부터입니다. 일본 총독부는 대만에 요일제
를 들여와 일요일을 정기 휴일로 정했습니다. 이때부터 일주일에

하루는 무조건 쉬게 되었지요. 이 외에도 매년 정해진 국가 공휴일 13일은 정부 기관, 학교, 회사, 공장 모두 상기 규정에 따라 쉬어야 했습니다.

그전까지 대만 사람들은 정해진 휴일 없이 해가 뜨면 일하고 해가 지면 쉬었습니다. 태양을 중심으로 일상이 돌아갔고 해가 떠 있으면 언제나 정신없이 바쁘게 움직였습니다. 그런데 처음으로 온전히 나를 위한 하루가 생긴 것입니다. 매주 하루만큼은 더 이상 태양의 궤적에 얽매이지 않고 온전히 자신이 원하는 대로 쓸 수 있게 되었지요.

새로 생긴 정기 휴일로 여가를 즐기려는 수요가 늘어나자, 일본 통치 시대에 대만 역사상 최초의 공원, 영화관, 야구장, 골프장, 해수욕장, 동물원, 카페, 온천 여관, 사진관, 백화점이 등장했

하야시 백화점(왼쪽)과 일본 간교은행勤業銀行 타이난 지점(오른쪽) ✦ 하야시 백화점은 대만에 생긴 두 번째 백화점이며 최초의 백화점은 타이베이시에 있는 기쿠모토 백화점이었다.

습니다. 지금부터는 100년 전 대만 사람들은 어떻게 여가를 즐겼는지 살펴보겠습니다.

햇볕을 쬐기 싫어하는 당신에게

휴일에 밖으로 나가지 않고, 집에서 드라마를 정주행하거나 소설을 읽고 휴대폰으로 게임하는 걸 즐기는 사람들이 있습니다. 아쉽게도 일본 통치 시대에는 드라마를 무한대로 볼 수 있는 넷플릭스나 디즈니플러스가 없었지요.

드라마도 없고 휴대폰도 없었던 시절 대만의 집돌이, 집순이 조상들은 집에서 무엇을 하며 지냈을까요? 정답은 '타마작打麻雀'입니다. 마작은 곧 마장(오늘날 마작을 일컫는 단어)이고, 타마작은 '마작을 하다'라는 뜻입니다.

당시 보도에 따르면 1920년대에는 마작이 전국적으로 흥행습니다. "일본에서는 이미 2, 3년 전부터 마작이 유행하기 시작했다. 작년(1924년)부터는 대만에서도 마작이 큰 인기를 끌고 있다. 일본 내륙과 대만을 오가는 크루즈, 무역선의 정기 운항 노선에는 여객들이 항해의 무료함을 달랠 수 있도록 마작 패를 상비해두었다."

당시 대만인은 마작을 얼마나 즐겨 했을까요? 타이난의 의사 우신룽吳新榮은 마작을 즐기다 못해 자신의 일기가 결국 마작 일기로 변질되는 것이 아닐까 의심할 정도였습니다. 마작은 그가 하는 사교활동의 거의 전부나 다름없었는데 스스로도 이렇게 말했습니다. "사람을 사귀는 일은 마작에서 시작해서 마작으로 끝났다." 마작을 끊고 싶다가도 금세 손이 근질거리던 우신룽은 일기에 친구들이 나쁘다며 불만을 늘어놓았습니다. "어젯밤 궈수이탄, 양차이바오, 양장타 등 나쁜 벗들이 또다시 방문했다. 때마침 천촨, 양완서우도 와서 같이 부사각에서 저녁을 먹었다. 집에 돌아와 이 나쁜 벗들과 날이 밝을 때까지 마작을 했다."

대만문화협회의 주요 간부였던 예룽중葉榮鐘도 마작을 몹시 좋아했습니다. 도저히 마작에서 헤어 나올 수가 없던 그는 일기에 자포자기하는 심정으로 이렇게 적었습니다. "어젯밤 징랴오췬 등과 밤새 마작을 하느라 심신이 지쳐버렸다. 정말 황당함의 극치다. 이런 악습관은 하루라도 빨리 고쳐야 하는데, 지금까지 몇 번이나 고쳐보려 했으나 고칠 수 없는 걸 보면 의지박약인 내가 정말이지 꼴사납다."

사회운동가가 마작에 빠지다니요. 정말 안 될 일입니다. 마작을 하다 보면 시간 가는 줄 모르고 날밤을 새우게 되는데 정신과 체력을 온통 마작에 쏟아버리면 무슨 수로 국가와 사회를 구하겠습니까?

한편 마작은 재미로 발을 들였다가 패가망신하기 딱 좋은 게임이었습니다. 이민자들이 항구나 공원에서 잠깐 마작에 발을 들였다가 결국 쌈짓돈을 잃고 감정까지 상하는 일이 비일비재했습니다. 그래서 1929년 『대만민보臺灣民報』에서는 이렇게 보도했습니다. "대만 민중당 타이베이 지부에서 임시 위원회를 열고 아래와 같이 의결했습니다. '본 지부 당원들의 마작을 금합니다.'" 당원들은 솔선수범하여 마작을 금지하는 동시에 3원(대만달러)을 주며 마작 패를 사들이는 유인책을 써서 대만 사람들이 마작을 그만두도록 독려했습니다.

미식을 즐기는 당신에게

100년 전 대만 사람들은 어떤 음식을 즐겼을까요? 그때는 구글이나 맛집 블로그, 미쉐린 가이드도 없었는데 어떻게 미식 투어를 했을까요?

일본 통치 시대가 되면서 대만 사람들이 선택할 수 있는 음식의 폭이 넓어졌습니다. 통치자가 일본인으로 바뀌었으니 새로운 일본 요리가 들어오고 유행하는 것은 당연한 일이었습니다. 그당시 최고급 일식집은 '우메야시키梅屋敷'라는 요정(고급 요릿집)이었습니다. 널찍한 일본식 정원을 가진 우메야시키는 1905년 타이베이시 중산베이루에 문을 열고, 호화로운 연회 요리를 제공했습니다. 이곳은 고관이 가족이나 친구, 중요한 손님을 극진히 대접하기에 가장 좋은 음식점이었습니다.

1908년 대만에서 지위가 높았던 구셴룽은 천황에게 훈장을 받은 기념으로 손님들을 대접하기 위해 우메야시키 정원에서 거하게 야유회를 열어 당시 대만 총독, 주요 인사 등 총 700명에 달하는 귀빈을 초청했습니다. 중화민국의 국부 쑨중산孫中山(쑨원)도 모금 유세를 위해 대만에 왔을 때 우메야시키에 묵으며 식사를했으니 그야말로 내로라하는 인물만 갈 수 있는 최고급 식당이었지요.

그럼 서민들은 어디에서 식사를 했을까요? 서민들은 주로 '깃사텐'이나 '고히텐'에 갔습니다. 깃사텐은 술을 제외한 차, 커피, 사이다 등 탄산음료와 간단한 먹을거리를 제공하는 지금의 스타벅스와 비슷한 곳이었습니다. 고히텐은 다양한 주류를 제공할 뿐만 아니라 옆에서 술도 따르고 말동무도 되어주는 여자 직원이 있는 클럽이나 바 같은 곳이었습니다.

대만 역사에서 가장 아픈 사건인 2·28사건(대만에서 일어난 대학살 사건으로 대만 역사상 가장 비극적인 사건이라 불린다 — 편집자)의 발생지 텐마다방이 바로 깃사텐에 해당하는 애프터눈티 찻집입니다. 깃사텐은 현대의 문학청년과 비슷했던 당시 지식인들이 커피를 시켜놓고 국가 사회의 핵심 의제에 관해 장광설을 늘어놓기에 더할 나위 없는 장소였습니다. 문인과 선비들이 깃사텐을 즐겨 찾은 이유도 이 때문이었습니다.

고히텐에는 개방형 공간 외에 은밀한 방도 있었습니다. 가게에는 여자 직원들이 분주하게 오갔고, 손님들은 재즈 음악을 안주 삼아 진한 술을 들이켰습니다. 사람들은 살짝 술에 취하면서 분위기를 즐겼는데, 그 정도가 지나쳐서 서로 시비가 붙는 등 위험한 일이 벌어지기도 했습니다.

그럼 디저트는 어떨까요? 일본 통치 시대에 대만 남부 지역에는 일본인이 운영하는 디저트 가게가 많이 생겼습니다. 이런 가게에서는 화과자를 주로 판매했고 양갱이나 찹쌀떡, 팥이 든 찐빵, 세키항(일본에서 생일이나 입학식 등에 주로 먹는 팥밥 — 옮긴이), 즉석에서 만든 이마가와야키(18세기 일본 에도시대 풀빵)를 살 수 있었습니다. 이마가와야키는 즉석 디저트라 주문 후에 바로 만들어지는 과정을 옆에서 지켜볼 수도 있었지요.

어쩌면 대만 사람들이 그때 옆에서 지켜보며 배운 기술로 오늘날 남부 사람은 '홍더우빙', 북부 사람은 '처룬빙'이라고 부르는 대만의 국민 간식이 탄생한 건 아닐까요? 이마가와야키만 홍더우빙으로 진화한 게 아니라 수많은 화과자점도 대만 스타일로 변화했습니다. 일본인 사장들은 대만에 와서 현지 식재료를 활용해 대만 스타일의 열대 화과자를 개발했습니다. 예를 들면 일본 통치 시대 타이난 시내에서 가장 유명했던 제과점 '홍엽헌'에서는 망고 양갱, 파인애플로 만든 왕리이를 출시했습니다. 이 과자는 독특한 풍미 덕분에 1907년 도쿄권업박람회 디저트 부문 대상을 수상하기도 했습니다. 그 외에도 '미양헌'에는 유자 양갱이 있었고 '일이헌'에서는 우룽이 일품이었습니다. 생각만 해도 군침이 도는 대만 한정 디저트들이었지요.

대자연을 사랑하는 당신에게

청나라 시대 사람들에게는 '공원'이라는 개념이 없었습니다. 공원 조성은 일본 통치 시대에 비로소 등장한 도시 계획의 일환이자, 일본인이 유럽에서 들여온 개념이기 때문입니다. 발전한 도시라면 어디든 쉽게 공원을 찾아볼 수 있습니다. 공원은 도시의 건강함과 아름다움을 상징할 뿐 아니라 시민들에게 마음 편히 쉴 수 있는 장소를 제공합니다. 공원 덕분에 도시에는 녹음이 짙어지고 신선한 공기가 더해지지요.

그래서인지 일본은 대만을 50년간 통치하면서 자신들이 식민지를 발전시키고 현대화할 수 있다는 걸 증명하기 위해 열심히 공원을 만들었습니다. 대만 전역을 통틀어 총 35개가 넘는 공원과 2개의 삼림 공원을 지었지요.

공원이라고 해서 혹시 머릿속에 자그마한 잔디밭 위에 나무가 몇 그루 있고 미끄럼틀과 운동 기구가 조촐하게 마련된 공원을 떠올렸다면 엄청난 착각입니다. 일본인이 대만에 만든 '공원'은 도시 계획을 결합한 광범위하고 다양한 시설이 완비된 단지였습니다. 녹지 조경이 잘 갖춰져 있었고 박물관, 뮤직홀, 운동장, 기념 조각상, 동물원, 라디오 스테이션 등이 딸려 있었습니다.

타이베이에 가면 228 평화공원이라는 공원이 있습니다. 이 228 평화공원의 전신이 바로 1908년 완공된 7헥타르 면적의 다이호쿠 신공원(일본 통치 시대가 끝나고 '타이베이 신공원'으로 명칭이 바뀌었다가 다시 228 평화공원으로 이름이 바뀌었다—옮긴이)입니다.

다이호쿠 신공원에서 열린 무도 행사(1939) ◆ 다이호쿠 신공원은 대만 최초의 유럽식 공원이었다.

가오슝의 서우산 기념공원은 '일본 공원의 아버지'라 불리는 혼다 세이로쿠 박사를 초청해 만든 것입니다. 도쿄 메이지 신궁 설계에 참여했던 그는 1923년부터 서우산에서 실지조사와 설계 기획을 진행했습니다. 혼다 세이로쿠는 서우산의 산림 자원으로 자연공원을 만들면서 근처에 있는 명승고적을 결합해 복합공원을 조성하겠다는 방대한 계획을 세웠습니다. 그리고 1934년에 서우산 삼림공원, 가오슝 신사, 시쯔완 해수욕장, 골프장 등을 포함한 초대형 레저 관광지가 완성되면서 이 계획은 마침내 실현되었습니다.

대만 사람들은 등산을 사랑합니다. 대만의 백악(百岳, 대만 등산 가이자 산악계 4대 천왕 중 한 명인 린원안과 대만산악협회가 기이하고 험준한 산봉우리 100곳을 '백악'으로 선정해 대만의 등산 열풍을 일으키려 했다 ― 옮긴이) 정상에 가면 비키니 차림으로 국기를 든 채 인증샷을 찍는 미녀 인플루언서들이 바글바글할 정도입니다.

사실 일본 통치 초기의 등산 활동은 학술조사와 군사 측량에 가까웠습니다. '번지(1920년부터 1945년까지 대만이 일본 통치를 받던 시기 행정 구역의 특수한 제도 ― 옮긴이)'를 장악하기 위한 목적으로 시작했기 때문에 그만큼 식민적인 색채가 짙었지요. 그런데 일본이 '이번(일본이 대만을 통치하는 동안 대만 원주민을 대상으로 연구하고 실시한 특별법 규정과 정책의 총칭 ― 옮긴이)' 사업을 대대적으로 추진하고 많은 등산로를 개발하면서, 곳곳에 있는 원주민 부락을 억압하거나 아예 다른 곳으로 이주시켜버렸습니다. 등산객 입장에서는 깊은 산으로 들어가는 길이 수월해지고 원주민에게 목숨을 잃을 수 있다는 두려움이 사라졌지요.

도로가 속속 깔리면서 휴게소도 잇따라 들어섰습니다. 예를 들어 옥산에 오르면 반드시 묵어야 하는 파이윈산장(배운산장)은 과거에 원주민을 막기 위해 지어진 '신고하주재소'였습니다. 원래 고산 경비원의 기숙사였는데. 이후 방범 기능은 사라지고 등산객들이 캠핑할 수 있는 최적의 장소로 탈바꿈했습니다. 등산은 더 이상 두려움에 벌벌 떨게 하는 모험이 아니라 여성, 학생들도 도전하는 레저 활동이 되었습니다. 심지어 등산협회에서 여행객들을 위한 등산 코스를 선보이기도 했습니다.

대만에 오면 꼭 해야 할 세 가지로 밀크티 마시기, 야시장 구경하기, 옌쑤지 구매하기를 꼽는 사람들이 있습니다. 사실 저는 옥산(신고산) 등반, 르웨탄(일월담) 횡단, 자전거로 대만 일주하기를 꼽고 싶습니다. 특히 이중에서도 옥산 등반은 역사가 꽤 오래되었습니다. 1921년 옥산에 올랐던 등산객 수는 1년 내내 총 27명에 불과했습니다. 그러다가 1936년에는 한 해가 채 가기도 전에 9월에 이미 4,897명이 등산한 것으로 기록되었습니다. 얼마나 등산 열풍이 뜨거웠는지 알 수 있는 대목이지요. 이후 제2차 세계대전이 터지고 전쟁의 불길에 휩싸인 1941년에도 한 해 동안 1,757명이 등산길에 올랐습니다.

등산의 인기 덕분에 등산용품점도 성황이었습니다. 당시 신문이나 여행 잡지에서도 등산용품점 광고를 심심치 않게 볼 수 있었습니다. 그 시대 대만 사람들은 등산을 시작하기도 전에 일단 등산화, 등산 가방, 취사도구, 등산용 수통, 텐트를 잔뜩 사놓았지요. 대만 최초의 백화점인 기쿠모토 백화점 2층에 등산용품을 전문적으로 판매하는 코너가 있을 정도였습니다.

1942년 그려진 대만의 여행 지도 ♦ 이 지도는 여러 온천을 비롯한 대만섬과 인근 해안의 관광 명소를 일러스트로 생생하게 표현하고 있다.

유교에서는 "업정어근황어희(業精於勤荒於嬉, 학문은 부지런히 해야 정통하게 되고 놀면 못 쓰게 된다)"라는 말이 있습니다. 그만큼 예전에는 사람들이 휴식을 할 때 어느 정도 죄의식을 느꼈습니다. 그런데 일본 통치 시대에 정기 휴일이 있는 요일제가 도입되고 레저 오락이라는 현대적인 생활 관념을 들어오면서 사람들은 일상생활 속 '오락'의 필요성을 점점 깨닫게 되었습니다.

12장

대만은
대만인의 대만이다
민중 계몽을 위한 노력

세계 평화, 나는 세상에 이로운 이익을 기다리네.

어찌 자포자기할 수 있으랴, 마지막 사명을 완수하길 바랄 뿐.

세계인으로 기뻐하네, 세계 인류 만만세.

대만의 명예 향기롭구나.

—장웨이수이, 대만문화협회 노래

제1차 세계대전 기간에 우드로 윌슨^Thomas Woodrow Wilson 미국 대통령은 '민족 자결주의'를 제창했습니다. 민족자결주의란 모든 민족에게 자신의 미래를 결정하고 자신만의 정치적 지위를 확립할 수 있는 권리가 있다는 주장입니다.

민족자결주의에는 모호한 이상주의적 색채가 강합니다. 하지만 윌슨이 이 개념을 미국 국회에서 널리 알리고 파리 강화 회의에서 대대적으로 내세운 결과, 전 세계가 민족자결주의를 외치게 되었습니다. 윌슨의 주장은 당시 억압받고 있던 전 세계 식민지 국민을 들끓게 했습니다. 윌슨이 무슨 말을 하고 있는지, 도대

우드로 윌슨(1856-1924) ◆ 미국의 28대 대통령으로, 민족자결주의를 제창한 인물. 민족자결주의는 대만문화협회뿐 아니라 우리나라의 3·1운동에 영향을 주었다.

체 어떻게 해야 민족이 스스로 결정할 수 있는지 확실하게 이해하지 못했어도 큰 문제는 아니었습니다. '우리 스스로 주인이 될 수 있고 우리가 스스로 운명을 결정할 수 있어.' 각 제국의 식민지나 제국의 침략을 받은 약소국은 민족자결주의를 주장하며 자신의 운명을 개척하고 현실을 타파할 출구를 모색하려고 했습니다. 대만도 그런 나라 중 하나였지요.

대만은 대만인의 대만이다

"우리는 절대 유유자적하게 무능력한 사람으로 살다가 인생을 끝낼 수 없다. 대만은 제국의 대만인 동시에 우리 대만인의 대만이다."(1920년, 차이페이훠, 「우리 섬과 우리들」, 『대만청년』)

'대만은 대일본제국의 대만도, 총독부의 대만도 아니다. 대만은 반드시 대만인의 대만이어야만 한다.' 마치 랩 가사처럼 보이는 이 말은 1920년대부터 수많은 대만 지식인이 목청껏 부르짖었던 구호입니다.

나는 학생들에게 자주 이야기합니다. "너는 스스로 주인이 되고 네 미래를 위해 모든 결정을 내리고 싶어 하지만, 그게 정말 가능할까? 네 앞에 있는 선택지를 이해할 만큼 충분한 지식이 있어? 가장 큰 기회와 선택을 알아볼 만큼 네 시야가 넓다고 생각해? 여러 가지 선택지가 가져올 가능성을 판단할 수 있을 정도로 지혜롭니? 네가 내린 결정이 가져올 나쁜 결과를 감당할 능력은 충분하고?"

능력이 없는 사람은 결정을 내려도 그것을 책임질 수 있는 힘이 부족합니다. 1920년대 대만은 과연 자신의 미래를 스스로 책임질 힘이 있었을까요?

당시에 대만이 어떤 상황인지 진지하게 진단하고 평가한 장웨이수이蔣渭水라는 의사가 있었습니다. 그가 세심하게 진찰한 결과 현재 대만의 상황은 그다지 좋지 않았습니다. "도덕적 해이가 심하다. 인심이 야박하다. 물욕이 강하다. 정신적으로 빈곤하다. 풍습이 추잡하다. 미신이 뿌리 깊다. 멀리 생각하지 못한다. 위생 관념이 부족하다. 부패하고 비굴하다. 태만하다. 눈앞의 이익에만 급급하다. 지식이 미천하다. 백년대계를 세울 줄 모른다. 허영이 있고 염치가 없다. 권태롭고 나태하다. 의기소침하다. 생기가 전혀 없다."

장웨이수이(1890-1931) ◆ 일본 통치 시대에 활동한 대만의 민족운동 지도자.

당시 대만인의 상황은 별로 좋지 않은 수준이 아니라 완전히 망가진 상태였습니다. 하지만 아직 늦지 않았습니다. 장웨이수이는 극약 처방을 내립니다. "정규 학교 교육, 보습 교육, 유치원 입학, 도서관 설립, 독보사讀報社 설립."

이 장웨이수이라는 의사는 어떤 사람이었을까요? 대만 동북부 이란현 출신인 그는 이란 성황묘(무속신앙에서 신을 모시는 사당)에서 점을 보는 아버지를 따라 어려서부터 사당 입구에서 자랐습니다. 그래서인지 민간 신앙에 빠삭했고 본인도 한때 점쟁이로 일하며 사람들의 궁금증을 풀어주었습니다.

그런데 장웨이수이는 이런 경험을 통해 오히려 모든 문제에 정확히 답을 내릴 수 있는 것은 아니라는 사실을 깨닫고 당혹스러움을 느꼈습니다. 그는 이런 생각을 했습니다. '무슨 일이든 신에 기대서만 궁금증을 풀어야 할까? 사람으로 태어나서 내가 가진 지식을 활용할 수는 없단 말인가?'

인간의 지적 능력을 키우는 데는 교육이 필수적입니다. 장웨이수이의 아버지는 한문화(중국 하·상·주 3대 왕조의 『시』『서』『예』 『악』『역』『춘추』, 육예[주나라 때 행해진 교육 과목], 오례[나라에서 행하는 다섯 가지 의례], 오상[인·의·예·지·신]을 핵심으로 하는 한족의 전통 문화)) 전통을 고집하며 아들이 식민 정부의 신식 교육을 못 받게 막았고, 사숙에서 사서오경을 계속 배우게 했습니다. 열일곱 살이 되어서야 장웨이수이는 이란 공학교에 입학했습니다. 일반적인 공학교는 8세 이상, 14세 이하인 대만 국적의 아동을 학생으로 받았는데, 이에 비하면 상당히 늦은 것이었지요.

장웨이수이는 늦깎이 학생이었지만 자질이 뛰어나 공부한 지 2년 만에 대만총독부 의학교(오늘날 국립대만대학교 의과대학 전신)에 합격했습니다. 우등생 장웨이수이는 의대에 들어가서도 같이 공부하는 친구들에게 깊은 인상을 남겼습니다. 당시 그의 친구들의 묘사에 따르면 장웨이수이는 성적이 훌륭하고 대인관계가 좋았으며 조장이나 대표를 뽑을 때마다 1순위로 뽑힐 만큼 리더십이 뛰어났습니다.

장웨이수이는 특유의 신념과 열정으로 1921년 10월 17일 '대만문화협회'를 창립했습니다. 장웨이수이는 환자만 치료하고 싶었던 게 아니라 대만 전체가 앓고 있는 병을 치료하기를 바랐습니다. 앞에서 소개한 대만의 병세와 처방은 대만문화협회 제1호 『회보會報』에 장웨이수이가 발표한 「임상 강의 — 대만이라는 이름의 환자에 관하여」라는 글에 나오는 내용입니다.

대만문화협회(이하 '문협')는 장웨이수이에게 있어서 '원인 요법(원인을 직접 제거하는 방법)을 전문적으로 연구하고 실행하는 기

대만문화협회 ◆ 대만문화협회는 1921년 설립되어 현대적 사상으로 대중을 일깨우기 위해 노력했다.

관'이었습니다. 그리고 그가 문협을 설립한 뒤에는 다양한 활동으로 대만인에게 지식 '영양제'를 복용하게 하는 일을 가장 중요하게 생각했습니다.

대만인을 위한 지식 비타민 ABCDE

독보사를 먼저 살펴봅시다. 인터넷과 스마트폰이 없던 시절에 신문과 책, 잡지는 사람들이 지식과 정보를 얻는 중요한 통로였습니다. 사람들은 신문을 통해 최신 뉴스를 접하고 각종 정치, 경제, 사회적 사건 들을 파악했습니다. 또 신문에 나타난 다양한 정치적 관점과 논술적 시각을 접함으로써 서로 다른 입장과 견해를 이해하고 세상을 바라보는 시야와 사고의 폭을 넓힐 수 있었습니다. 그래서 문협은 신문 보급을 위해 대만 각지에 독보사 13곳을 차례차례 설립했습니다.

독보사란 규모가 작은 동네 도서관 정도로 이해하면 좋습니다. 독보사에서는 각종 대만의 서적과 잡지를 비롯해 일본과 중국의 출판물들을 수집해 사람들이 마음껏 읽을 수 있도록 했습니다. 타이난 독보사에는 사람들이 비교하며 읽을 수 있게 『도내삼신문』『오사카아사히』『복음신보』『대만시보』『상해신보』『동방잡지』『청년진보』『대만민보』『과학지식』『교육잡지』『소설세계』 등 10종이 넘는 출판물이 비치되어 있었습니다.

그 시절 대만에는 책을 읽을 수 있는 사람이 많지 않았습니다. 출판물을 잔뜩 모아놨다고 해도 그걸 읽고 이해할 수 있는 사람이 몇 명 없었는데 어떻게 독보사를 운영했을까요?

문협은 독보사마다 낭독을 전문으로 하는 인력을 배치했습니다. 이들은 낭독뿐 아니라 글의 내용까지 분석하고 해석해주었습니다. 그리고 마을 사람들이 함께 강연을 들을 수 있도록 소규모 강좌를 자주 마련함으로써 사람들이 세상 일을 이해할 수 있도록 도왔습니다.

문협은 사람들이 강연을 들으러 오지 않으면 찾아가는 강연을 개최하기도 했습니다. 각 지방에서 다채로운 강연회를 적극적으로 개최했는데, 수많은 사람이 모여 분향하고 절하는 사당 앞 광장을 주 강연 장소로 선정했습니다. 그곳이 각 지역의 중장년층이 자주 출몰하고 수시로 사람들이 들락날락하는 장소였기 때문입니다. 강연 일정도 빡빡했는데 문협의 주요 간부이자, 루강 출신 시인인 예룽중葉榮鐘 기자는 1925년에 5일 동안 세 지역을 돌며 네 차례 강연을 준비해야 했습니다.

1925년 6월 17일 〈살얼음판 위의 경제생활〉, 칭수이.
1925년 6월 18일 〈우리는 입헌국가다〉, 난터우제.
1925년 6월 20일 〈우리는 입헌국가다〉, 칭수이.
1925년 6월 20일 〈현대생활의 정신〉, 치마쭈먀오.

같은 날 같은 장소에서 적어도 4~5명의 강연자가 서로 다른 주제별 강연을 진행했습니다. 사당 앞 광장은 종일 계급과 신분이 천차만별인 여러 사람이 드나들었습니다. 사람들은 굳이 강연을 들으러 찾아가지 않아도 사당 입구를 몇 번이고 지나다니면서 자연스럽게 강연을 들을 수밖에 없었지요.

사람들은 이렇게 사당 입구까지 찾아오는 강연을 굉장히 반겼습니다. 주최 측은 강연할 때마다 청중을 모집할 필요가 없었습니다. 수많은 사람이 이미 광장에 몰려들어 열렬한 지지를 보냈기 때문입니다. 예룽중은 그가 린셴탕林獻堂 등과 그 당시 다자전란궁에 강연하러 갔을 때를 회상했습니다. "일행이 도착하자 환영하는 폭죽 소리가 요란했다. 환영의 깃발을 든 악대가 앞장서서 거리를 순회했다. 길을 지나가면 집집마다 크고 작은 폭죽을 하늘 높이 쏘아 올리며 환영의 뜻을 나타냈다." 예룽중은 사람들이 그들을 환영하는 정도가 마치 마조 여신을 맞이하는 것 같았다며 과장해서 표현하기도 했습니다.

당시 강연자는 '변사辯士'라고 불렸습니다. 당시 강연회가 얼마나 성황이었는지 변사도 어딜 가나 슈퍼스타 대접을 받았습니다. 변사가 강연하러 가는 곳에는 언제나 열성팬들이 따라다닐 정도였지요. 가오슝 평산반에서 강연회가 열렸을 때는 오로지 강연을 듣기 위해 강산, 치산, 샤오강, 린위안, 펑둥에서까지 사람들이 몰려왔습니다.

고속도로도 없고 거리에 자동차도 몇 대 없던 그 시절에 대부분은 걷거나 가족 단위로 소가 끄는 수레를 타고 먼 거리를 달려왔습니다. 몇 날 며칠의 고생도 마다하지 않았던 그들의 열정은 어디서 나왔던 걸까요? 그들은 정말로 정치인들이 하는 주장이나 그들이 전달하는 지식을 모두 이해했을까요?

장웨이수이는 이렇게 말했습니다. "동포는 단결해야 한다. 단결하면 힘이 생긴다!" 변사가 강단에서 말하는 내용을 모두 이해하지 못하더라도 사람들과 함께 이곳에 있다는 것, 이렇게 많은 대만인이 이곳에 함께 서 있다는 것만으로도 사람들은 강연회에 올 가치가 있다고 여겼습니다. 한자리에 모여 공감대를 형성하고 정서적 교감을 나눌 때 사람들의 마음은 뜨거워졌습니다.

통계에 따르면, 강연회의 열기가 가장 뜨거웠던 1925년 한 해 동안 대만 각지에서 열린 강연회에 연간 23만여 명이 참석했습니다. 이는 장후이메이(대만에서 최고의 가창력으로 손꼽히는 여자 가수)가 타이베이 아레나(대만 최대 실내 체육관)에서 콘서트를 스물세 번 열어야 달성할 수 있는 규모로 어마어마한 수입니다.

신문을 보고 강연을 들으려면 어느 정도 기초 지식이 있어야 합니다. 그래서 문협은 교육을 거의 받지 못한 사람들도 영화를 통해 새로운 문화를 접할 수 있도록 일본에서 영화 10여 편과 영사기 한 대를 구입했습니다. 그리고 교육을 받은 청년 자원봉사

메이타이퇀 ✦ 메이타이퇀의 영화 상영회에는 사람들이 모여 북새통을 이루었다.

자들을 모집한 뒤 기계를 정리하고 영상을 내보내는 사람과 영화를 해설하는 사람으로 팀을 꾸려 중남부 농촌 지역으로 보냈습니다. 영화 상영을 통해 교육하고 계도하는 이런 조직적인 활동이 바로 메이타이퇀美臺團입니다.

영화 상영은 당시 아주 새로운 행사였습니다. 막과 영사기를 통해 움직이는 영상을 볼 수 있다는 데 사람들은 충격을 받았습니다. 심지어 입장료도 보통 5분에 10전으로 엄청나게 저렴했습니다. 그래서인지 메이타이퇀이 가는 곳마다 구경꾼이 몰려들었고, 상영 현장은 언제나 인산인해를 이루었습니다.

그럼 이 행사에서는 어떤 영화가 상영되었을까요? 영화를 통해 교육과 계몽 효과를 거두는 것이 문협의 기본 취지였기 때문에 그들이 상영하는 영화는 하나같이 사회 교육적인 의미를 담은 영화들이었습니다. 그중에는《덴마크의 농경 상황》《북극 동물의 생태》와 같은 다큐멘터리 영화도 꽤 많았습니다.

게다가 당시 영화는 아무 소리 없이 영상만 나오는 무성영화였습니다. 그래서 영화 해설자가《덴마크의 농경 상황》을 틀어주면서 사람들에게 영화를 해설해주었습니다. 만약 해설자가 해설을 잘못하면 어떻게 될까요? 메이타이퇀은 영화를 상영할 때 현장 경찰의 관리 감독을 받았습니다. 경찰은 해설자가 허튼소리를 하면 바로 항의하면서 해설자의 내레이션에 간섭할 수 있습니다. 물론 그 시대에 경찰의 신경을 건드릴 만한 내용은 주로 당시 식민 정부를 비판하는 것이었지요.

세상과 연결하는 대만의 뉴미디어

우펑 린씨 가문의 셋째 도련님이자 대만문화협회 총리인 린셴탕
林獻堂은 1927년 5월 지룽에서 출발해 1년 여 동안 세계를 일주했
습니다. 이집트에 가서 피라미드를 보고 수에즈 운하를 통해 유
럽으로 넘어가 영국, 프랑스, 독일을 유람한 뒤 마지막으로 미국
에 건너가 동서부를 가로질렀지요. 그는 세계 일주를 한 최초의
대만인이었습니다.

이보다 더 근사한 점은 따로 있습니다. 린셴탕은 여행하면서
보고 들은 것을 일기에 적었는데 글을 쓸 때마다 원고를 대만으
로 보내『대만민보』에 발표했습니다. 린셴탕의 다음 여행지가 어
딘지에 따라 세계 일주 여행기
연재의 다음 목적지가 정해졌
습니다. 린셴탕의 여행은 더 이
상 혼자 하는 여행이 아니라 모
든 대만인과 함께 하는 여행이
되었습니다. 인증샷을 찍고 글
을 남기는 SNS가 없던 시대였
지만 대만에 몸을 두고 있는 사
람들도 린셴탕의 실황 중계를
따라 세계를 유람할 수 있었고,
린셴탕은 자신이 보고 듣고 생
각한 것을 바탕으로 대만인과
함께 세계를 탐색했습니다.

린셴탕(1881-1956) ◆ 타이중현 우펑 출
신으로 대만의 민족운동 지도자. 타이중
중학교를 설립하고 대만문화협회장을 지
냈다.

린셴탕은 국토 면적이 불과 2제곱킬로미터밖에 안 되는 모나코 공국에 갔을 때 한탄하며 이렇게 적었습니다. "모나코 공국은 인구도 적고 국가 소산도 적은 약소국이지만 국정을 스스로 잘 꾸려나가는 걸 보면 이 세상에 독립할 수 없는 땅과 민족은 없다는 걸 알 수 있습니다."

린셴탕의 글을 본 사람들은 그와 같은 공간에 있지 않더라도 비슷한 감정을 느꼈을 것입니다. 과연 대만인은 대만 땅의 주인이 될 수 있을까요?

미디어는 지식과 정보를 전달하는 매개체입니다. 1920년대에 대만은 세계 주요 문명 변두리에 방치된 것처럼 보였습니다. 하지만 일부 지식인들이 열성을 가지고 문협을 뉴미디어로 삼았습니다. 이들은 세상의 정보를 받아들이고 지식을 전달하는 메가폰 역할을 하며 대만이 세계 문명과 궤를 같이하기를 바라는 한편, 대만인으로서 세계에 녹아들 기회를 갈망했습니다. 갖가지 노력을 통해 대만 사람들은 점차 자신이 독립된 작은 섬 주민에 불과한 것이 아님을 알게 되었고, 스스로를 비천하고 저속한 피식민자로 깎아내리지 않게 되었습니다.

문협의 기백은 '대만은 대만인의 대만'이라는 것만 믿고 끝난 것이 아니라 '대만은 반드시 세계의 대만이 되어야 한다'고 요구했다는 데 있습니다. "지금 대만은 지식과 문화가 낙후되었을 뿐 아니라 식민지 국가로서 정치적 지위도 낙후되었다. 그러니 우리도 얼른 이 세계에 합류해야 한다. 우리는 이 세상에 결코 대만이 없어서는 안 되며 대만인은 인류 구성원으로서 동등한 권리를 가질 자격이 있다고 믿는다. 세계 인류와 함께 어깨를 나란히 하고 미래를 향해 나아가자!"

100년 전부터 대만인이 이미 이런 세계관을 가지고 있었다는 것이 쉽게 상상이 되지 않습니다. 장웨이수이는 이렇게 말했습니다. "나를 대만인으로 태어나게 한 천지신명에게 감사한다. 대만인은 세계 평화의 열쇠를 쥐고 있으며 세계 평화로 나아가기 위한 첫 관문이다…. 대만인이 이 사명을 실행해야 동양의 평화를 보장하고 세계 인류의 행복을 완성할 수 있다."

우리의 포부가 세계 인류의 행복을 실현하고 싶다는 장웨이수이의 포부만큼 원대하지 않을 수는 있습니다. 하지만 우리가 왜 평생에 걸쳐 지식을 쌓고 공부를 하는지 한번 생각해볼 필요가 있습니다. 그저 점수를 얻거나 입시 경쟁에서 승리하기 위해서 아니면 사람들에게 뽐내기 위해서일까요? 문협의 역사에서 우리가 배운 것은, 지식은 우리가 좀 더 자신 있게 정확한 결정을 내릴 수 있도록 도와주고 더 큰 꿈을 품게 하는 도구라는 사실입니다.

일본 애니메이션 《암살교실》에는 이런 대사가 나옵니다. "자신이 생각하는 이상적인 사람을 좇는 것, 자신이 인정하지 않는 사람을 뛰어넘는 것, 내가 말하고 싶은 성장은 바로 이 두 가지를 끊임없이 반복하는 것이다." 운 좋게도 당신이 남보다 더 많은 지식을 얻었다면, 자신의 사명이 무엇인지 한번 찾아봅시다. 아무리 절망적인 사막에서도 지식의 수원지를 찾을 수 있다면 언젠가는 꽃을 피울 수 있을 것입니다.

4부

중화민국
시대

1945~

13장

밤이 되었습니다, 마피아는 눈을 뜨세요

계엄 시대를 살아간 사람들

"공무원은 즉시 출근하라. 학생들은 반드시 등교하라. 노동자들은 이전과 마찬가지로 출근하라"는 방송이 나왔다. 하지만 출근하던 공무원들은 모두 사거리에서 죽었다. 등교하던 학생들은 교문 어귀에서 차례로 죽어나갔다. 노동자들은 다시 집에 돌아오지 못했다.

—2·28 사건 당시 생존자 증언

"밤이 되었습니다. 모두 눈을 감고 마피아는 눈을 뜨세요. 마피아는 서로를 확인하고 오늘 밤 죽일 사람을 선택하세요."

누구나 한 번쯤 해봤을 '마피아' 게임입니다. 정해진 마피아가 정체를 숨긴 채 선량한 시민을 죽이고 시민들은 숨겨진 마피아를 추리해내는 게임이지요. 하지만 대만의 현대사에서 이는 단순한 게임이 아니었습니다. 서로 속고 속이며, 많은 사람이 목숨을 잃는 일이 실제 대만에서 벌어졌습니다. 매일 누군가 이유도 없이 사라졌고, 그중 많은 사람이 다시 돌아오지 못했습니다.

국공내전 후반부에 패퇴를 거듭하던 국민정부는 전쟁이 점점

〈공포의 검열〉(1947) ◆ 대만의 2·28 사건을 배경으로 하는 황룽찬의 목판화(가나가와현립 근대 미술관 소장)

확산되자, 1948년 헌법 집행을 중지하고 '동원감란임시조관'을 제정해 총통의 권력을 확대함으로써 독재 정치를 합법적으로 보장하는 장치를 마련했습니다. 그리고 얼마 지나지 않아 중화민국 정부는 대만으로 철수했습니다.

그 후 중화민국 정부는 중국 공산당과의 계속되는 대립을 이유로 내세워 1949년 5월 19일부터 대만 전역에 계엄을 실시했습니다. 이때부터 국민의 권리는 대폭 축소되고 정부는 사람들의 사상과 행동을 엄격히 통제하며 정부에 비판적인 의견을 철저하게 억눌렀습니다. 자주 누군가가 무고하게 죽임을 당하는 시대였습니다. 조심스럽게 생활하는 사람도, 큰소리로 비판을 쏟아내는 사람도 누구 하나 제 목숨을 건지기 어려웠지요.

쉿! 보면 안 되는 책들이 있어

모두가 숨 죽여 생활했던 그 시대로 돌아가봅시다. 1949년 국공 내전에서 처참히 패배하기 4년 전, 제2차 세계대전에서 승리를 거둔 중화민국 정부는 수도 난징에서 연합군을 대표해 일본의 항복 문서를 받았습니다. 하지만 불과 4년 만에 중화민국 정부는 공산당에게 패배하며 대륙 전체를 잃은 채 대만이라는 '임시' 거처로 다급하게 몸을 피했습니다.

1949년 5월 19일 대만성 정부 주석 겸 대만성 경비총사령관 천청陳誠은 지속적인 공산당의 침투를 막기 위해 '계자 제1호'를 발표하고, 다음 날인 20일부터 대만 전역에 계엄령을 선포했습니다. 이때부터 대만에서 최고 사령관에게 아래 사무를 집행할 수 있는 권력이 생겼습니다. "집회, 결사, 시위, 청원을 중지하고 군사를 방해하는 것으로 간주되는 언론, 강학, 신문, 잡지, 도서, 광고 표어 및 기타 출판물을 금지합니다." "우편과 전보를 뜯어보고, 필요 시 구류하거나 몰수합니다." "계엄 지역 내에서 건물, 선박, 정황이 의심스러운 주택을 조사합니다."

다시 말해 1949년 5월 20일부터 '520'은 '난 널 사랑해(520의 중국어 발음이 워아이니[我愛你]와 비슷하다 — 옮긴이)'라는 의미가 아니라 '나는 사람이다, 나는 고분고분하다, 나는 말하지 않는다'라는 의미가 된 것입니다.

연말을 앞두고 친구와 송년 콘서트를 보거나 LGBT프라이드 (대만에서 열리는 아시아 최대 규모의 퀴어 축제 — 옮긴이)에 참석해본 적이 있나요? 계엄 시대에는 그런 자리를 꿈도 꿀 수 없었습니다. 정부는 수천수만 명이 모이는 대형 집회를 절대 허락하지 않았습니다. 만일 공산당이 끼어들어 사람들을 선동해서, 대형 민중 봉기로 이어진다면 얼마나 위험하겠습니까?

이 시기에는 말도 함부로 못하고 편지도 마음대로 쓰지 못했습니다. 만약 그랬다가는 언제 집에 군대와 경찰이 들이닥쳐 수상한 인물이라며 연행해갈지 모를 일이었지요. 책도 함부로 읽을 수 없었습니다. 과거에 공산당은 중국에서 어떻게 세력을 확장했을까요? 그들은 자주 독서회를 열어 토론과 발표를 통해 공산당 이념을 인정한 새로운 구성원을 받아들였습니다.

따라서 정부는 공산당 세력이 대만에 침투할 모든 가능성을 방지하기 위해 갖은 노력을 기울였습니다. 먼저, 반동 서적과 잡지의 대만 유입을 철저히 차단합니다. 1949년 5월 28일 정부는 '대만성 계엄 기간 신문·잡지·도서 관리판법'을 제정해 신문과 잡지, 서적 내용을 엄격히 검토하고 각 항구 터미널에서 여객이 소지한 인쇄물을 빈틈없이 검사했습니다. 둘째, 정부가 지정한 불온서적을 읽거나 토론하는 것을 엄금했습니다. 정부는 '반동사상 서적 명칭 일람표'를 공표했는데 일단 이 명단에 드는 순간, 그 책을 실수로 들추거나 그 책에 관해 친구와 몇 마디 대화를 나누거나, 심지어는 그 책을 도시락 받침 용도로만 써도 사달이 날 수 있었습니다.

어떤 책들이었을까요? 일단 톨스토이, 투르게네프, 도스토옙스키의 작품은 무조건 멀리해야 합니다. 이상하지 않나요? 모두 세계에서 알아주는 대문호이자 고전문학의 대가들인데, 이 작품을 멀리하라니요? 이유는 간단합니다. 이 작가들이 전부 러시아인이기 때문입니다. 러시아는 소련의 전신이자, 전 세계 공산당의 본가와도 같지요. 사실 이들 작품에는 아무런 문제가 없었습니다. 단지 그들의 국적 때문에 그들의 작품까지 금지된 것입니다.

다음으로 불길한 제목을 가진 책은 되도록 피해야 합니다. 『실패한 실패자』『유망도(유망[流亡]은 유랑, 방랑, 망명한다는 의미다 — 옮긴이)』『대강동거(大江東去, '좋은 시절은 이미 지나가고 지금 상황은 예전만 못하다'라는 뜻이다 — 옮긴이)』『최후 일 년』 등의 작품이 그 예입니다.

국공내전에서 진 국민정부는 말 그대로 '실패한 실패자'였습니다. 전쟁에서 지고 대만으로 도주한 마당에 대만에서도 얼마나 오래 버틸 수 있을지 모를 일이었습니다. 그러니 국민 정부에게는 일 년 일 년이 최후의 일 년과도 같았겠지요. 그러니 이런 책을 보는 순간 정부에게 대항할 의도가 있는 것으로 간주했고, 심하면 사형을 구형하기도 했습니다.

그리고 저자 이름에 '마크'나 '막스' 비슷한 단어가 들어가는 책도 모조리 내다 버리는 것이 가장 안전한 길이었습니다. 독일의 사회학자 막스 베버Max Weber의 책이나 미국 블랙 유머의 대가 마크 트웨인Mark Twain의 작품도 예외는 아니었습니다. 그들의 작품 역시 아무런 잘못이 없었습니다. 단지 저자의 이름이 『공산당 선언』을 쓴 칼 마르크스Karl Marx와 비슷했을 뿐이지요.

막스 베버와 마크 트웨인이 칼 마르크스와 서로 관계가 있는지 없는지는 중요하지 않았습니다. 불온서적 단속부에서 어떤 기상천외한 이유를 갖다 붙여 금서를 지정한다 해도 모두 용인되는 시대가 바로 계엄 시대였습니다. 대만 경비 총사령부에는 책을 없앨 백만 가지 이유가 있었습니다. 가장 안전한 방법은 정부가 관할하는 국립편역관에서 일괄적으로 발행하는 교과서만 읽고, 당시 대표적인 관영매체인 『중앙일보』 뉴스만 보는 것이었습니다. 세상을 좁게 볼수록 안전했고, 정부가 제시하는 관점에 가깝게 생각할수록 오래오래 살 수 있었습니다.

그렇다면 정부는 사람들이 무슨 책을 읽고 무슨 말을 하는지 어떻게 알았을까요? 사회의 일원으로 생활하면서 사람들과 교류할 기회가 있는 사람이라면 모두 물 샐 틈 없는 정부의 감시를 받았습니다. 정부는 제 힘을 쓰지 않고 시민들이 서로를 감시하게 만들었습니다. 누군가의 일거수일투족은 그 자신의 안위뿐 아니라 옆 사람이 출세해 부자가 되거나 화를 면할 수 있는 기회와도 관련이 있었습니다. 이게 무슨 뜻일까요?

"모든 사람에게 첩자를 제보할 책임이 있다." "첩자를 알고도 신고하지 않으면 첩자와 동일한 형으로 처벌한다." 이런 말들은 단순한 구호가 아니었습니다. 당시 정부는 두둑한 상금이나 엄한 형벌이라는 당근과 채찍으로 사람들이 서로를 감시하게 했습니다.

한번 상상해봅시다. 어제 당신 옆에 앉은 동료의 가방에서 마르크스의 책을 본 것 같습니다. '곁눈질로 슬쩍 봐서 확실하지는 않은데 그래도 보고해야 하나? 나만 본 걸까? 아니면 다른 사람들도 아는 건가? 괜히 입을 다물고 있다가 나중에 알면서도 말하지 않았다고 잡혀가서 국가 전복죄라는 죄명이라도 쓰게 되면 사형될 수도 있어. 먼저 말하는 사람이 승자야. 나중에 그 사람이 첩자라는 게 확정되면 나는 국가를 위해 큰 공을 세우게 되고 엄청난 포상금도 받게 될 거야!(첩자의 재산은 전부 몰수해서 국고에 환수하고 그 재산의 30%를 제보자에게 상금으로 지급했다.)'

그야말로 인간의 본성을 시험하는 시대였습니다. 계엄 시대에 첩자 혐의 사건은 '군사 재판'으로 처리되었습니다. 당시 군사 재판은 사법 정의라는 것 자체가 없었습니다. 누군가 가지고 있는 책이 마르크스의 『공산당 선언』이든 마크 트웨인의 『톰 소여의 모험』이든 재판에서 첩자라고 판결을 내리기만 하면 그 사람은 첩자가 되었습니다. 제보자만 상금을 받는 게 아니라, 사건을 처리한 사람에게도 상금이 있었기 때문입니다. 이들은 상금을 탈 생각에 고문과 협박으로 자백을 강요하기도 하는 등 다양한 첩자 사건을 과하리만치 적극적으로 처리했습니다.

밤이 되었습니다, 당신 곁에는 누가 있나요?

2007년 7월 11일 행정원 자료를 보면 "법무부 통계에 따르면, 계엄 시기에 군사 재판소에서 처리한 정치 사건은 29,407건이었고 무고하게 유죄 선고를 받은 사람은 약 14만 명에 달하며…"라는 내용이 나옵니다. 하지만 이 숫자는 참고용일 뿐입니다. 아직 계엄 시기의 정치 문건이 전부 공개되지 않았기 때문에 정확한 숫자는 파악할 수 없고, 그 어두웠던 시절에 얼마나 많은 사람이 일찍 세상을 떠났는지도 알 수 없습니다.

모든 사건 이면에는 절대적으로 좋은 사람도, 절대적으로 나쁜 사람도 존재하지 않습니다. 역사적인 순간으로 돌아가보면 누군

커치화의 가족사진
✦ 왼쪽 위부터 커
치화와 그의 아내
차이아리 여사, 아
이들이다.

가에게 덧씌워진 정치적 해석은 사실 모호한 상상에 불과한 경우
가 많지요. 이 세상에 선이나 악은 분명 존재하지만, 사람은 그저
사람일 뿐이라는 점을 잊지 않았으면 좋겠습니다. 그리고 우리가
배우는 모든 사건과 역사가 미래로 나아가는 데 잊을 수 없는 기
억으로 남기를 바랄 뿐입니다. 그럼 실제로 이 시기에 어떤 일이
있었는지 더 자세하게 살펴보겠습니다.

커치화(柯旗化, 1929~2002)는 가오슝시 쥐잉구에서 태어났습니
다. 그의 어머니는 가오슝 치산 사람이었고, 아버지는 타이난 산
화 사람이었습니다. 치화라는 이름은 부모의 출생지에서 한 글자
씩 따서 지은 것으로, 토속적인 정서를 담고 있었지요.

성적이 우수했던 커치화는 슝중, 지금의 국립대만사범대학교
영어과에 합격했습니다. 졸업 후에는 가오슝으로 돌아와 가오슝
여자고등학교에서 교편을 잡았습니다. 그런데 어느 날 밤 특무원
이 그의 집에 들이닥쳤습니다. 그러고는 집을 이리저리 수색하더
니 『변증법적 유물론』이라는 책을 찾아냈습니다. 변증법적 유물

론이란 사회와 역사를 연구하는 철학적 사고 방법으로, 마르크스가 제창한 이론이었습니다. 정부 당국은 커치화의 사상이 좌경화되어 있어 재교육이 필요하다고 판단해 일개 고등학교 영어 교사를 뤼다오 감옥에 1년 8개월간 구금했습니다.

커치화는 출소 후에도 열심히 생활하며 결혼도 하고 학원과 출판사를 차려 영어 교육을 위해 애썼습니다. 1960년에는 『신영문법』을 출판했는데 이 책이 불티나게 팔리면서 '영문법의 바이블'로 불리기도 했습니다. 당시 중학생이라면 누구나 한 권씩은 가지고 있을 정도였지요.

하지만 이 책의 성공을 눈으로 보기도 전에 커치화에게 또 다른 불행이 찾아왔습니다. 이듬해 정부가 그를 다시 체포한 것입니다. 이번에는 집에서 무슨 책을 찾아낸 것도 아니었습니다. 단지 커치화라는 이름이 문제였습니다. "치화(치[旗]는 깃발, 화[化]는 변하다라는 뜻이다 — 옮긴이)'라는 네 이름은 누구를 욕보이는 거지? 국기를 바꾸다니? 아주 불손한 이름이야. 죄명은 '반란 예정죄'가 좋겠군." 정부는 이렇게 막무가내로 커치화를 12년형에 처합니다. 정말 황당하지요?

하지만 아직 황당해하기는 이릅니다. 커치화는 실제로 12년간 옥살이를 했는데, 형기가 만료되었을 때 정부는 '감훈(감화·교훈의 준말로 사법 역사상 범죄사실이 중대할 때 법원 판결에 따라 감훈 처분을 추가로 내리기도 했다 — 옮긴이)'을 이유로 그를 3년 더 구금했습니다. 커치화는 꼬박 16년이라는 긴 세월 동안 자유를 빼앗겼을 뿐 아니라 감옥에서 모진 구타와 고문을 당했습니다. 출소한 후에도 온 가족이 감시와 미행을 당하며 살았습니다. 이렇게 몸과 마음 그리고 영혼까지 혹사당한 사람이 과연 커치화뿐일까요?

커치화가 두 번째로 체포되었을 때 그의 아내 차이아리는 남편이 정보 관리 요원들에게 붙잡혀가는 모습을 두고 볼 수밖에 없었습니다. 결혼한 지 5년이 넘은 두 사람에게는 어린 세 자녀가 있었습니다. 남편이 이번에는 돌아올 수 있을지, 앞으로 얼마나 갇혀 있을지 알 도리조차 없었습니다. 할 수 있는 일이라고는 남편이 돌아오기를 하염없이 기다리는 것뿐이었지요.

희망에 희망의 무능함이 있는 것처럼 절망에는 절망의 힘이 있습니다. 한 치 앞을 알 수 없는 고통 속에서도 차이아리는 얼마 안 되는 초등학교 교사 월급과 『신영문법』 판매 수익으로 이를 악물고 생계를 꾸려가며 16년을 버텼습니다.

차이아리는 아버지가 안 계신 진짜 이유를 자식들에게 말할 수 없었습니다. 아이들의 아름다운 유년 시절을 지켜주고 싶었기 때문이지요. 그녀는 비록 아버지가 미국으로 유학을 가서 집에는 계시지 않지만, 너희들에게 늘 관심이 아주 많다고 말해주었습니다. 크리스마스 때마다 줴장 시장에 가서 수입 입체 카드를 사다가 미국에서 커치화가 아이들에게 보낸 선물인 척했습니다. 그때는 그저 세월을 참고 견디면서 나뿐만 아니라 가족을 위해 힘겹게 살아가야 했던 시대였습니다.

궈칭(郭慶, 1921~1952)은 윈린 룬베이 사람이었습니다. 궈칭은 일찍이 아버지를 여의고 어머니, 네 형제자매와 서로 의지하며 살았습니다. 그는 지금의 타이난대학교에서 공부하고 졸업 후에는 주산초등학교(지금의 난터우현 주산초등학교)로 발령받았습니다.

28세가 되던 해에는 먀오얼간초등학교(지금의 원린현 핑룽초등학교) 교장을 맡았습니다.

이 젊고 유능했던 교육자는 당시 정치 상황에 관심이 많았고, 이상과 열정을 실제 행동으로 옮기는 사람이었습니다. 그는 1948년 원린 지하조직에 가입하고 원린 룬베이, 츠퉁 일대에서 공산당 조직 업무를 추진했습니다. 교장이 되고 나서도 늘 공개 석상에서 정부를 비판

궈칭(1921-1952) ◆ 계엄 시대에 정부를 비판했던 궈칭은 30세라는 이른 나이에 총살형으로 생을 마감한다.

했습니다. 궈칭은 정부 기관의 횡령을 규탄하고 본성인과 외성인 교사의 불균형한 배정을 비판했습니다.

당시 시대 상황에서 궈칭은 명백히 '범죄자'였습니다. 그는 지하조직에 가입해 "파벌주의를 선전하고 정부를 공격했습니다". 1951년 체포된 궈칭은 사형 선고를 받고 이듬해 총살형이 집행되면서 31세로 생을 마감했습니다.

궈칭이 죽은 그 해, 그의 딸 궈쑤전은 세 살도 채 안 된 갓난아이였고, 아들 궈즈위안은 겨우 한 살이었습니다.

남편을 잃은 궈칭의 아내 랴오위샤는 궈칭이 세상을 떠나고 몇 년 후에 과감하게 두 자녀를 데리고 다른 성省에서 경찰로 일하는 사람과 재혼했습니다. 호적에 남은 주홍 글씨를 없애 아이들이 자라면서 괜한 핍박을 받지 않게 하려는 엄마의 선택이었습

니다.

그때부터 랴오위샤는 지난 일은 가슴에 묻고 아이들이 무탈하게 잘 자라기만을 바랐습니다.

오랜 시간이 지나서 궈칭의 딸 궈쑤전은 기록보관소를 통해 당시 궈칭이 죽기 전 가족에게 남긴 유서를 전달받았습니다. 그제야 비로소 아버지가 가족에게 무엇인가를 남겼다는 걸 알게 되었지요.

"사람은 언젠가 다 죽는 거야. 그러니 너무 슬퍼하지 마! 건강하고 행복하기를!"

거의 60년이 지나서야 전해진 이 편지는 몇 자 안 되는 짧은 글이었지만 아버지가 임종 전에 가족들을 얼마나 염려하고 걱정했는지 알기에는 충분했습니다.

만약 당신이 60년이나 늦게 도착한, 사형 집행을 앞둔 아버지가 쓴 유서를 받았다면 하늘에 있는 아버지에게 무슨 말을 할 건가요? 교사로서 저는 학생들에게 물었습니다. "만약 너희가 쑤전이나 즈위안이라고 생각해보자. 60년이 지나 그 당시 역사에 어쩔 수 없는 상황들이 많았다는 걸 알게 됐어. 아버지는 반역자였지만 결코 너희가 생각하는 그런 매국노는 아니었지. 60년 후에 비로소 아버지가 너희에게 무관심한 게 아니었다는 사실, 죽기 직전까지 가장 마음에 걸려 한 사람은 너희와 어머니였다는 사실과 너희가 건강하고 행복하게 지내기를 바랐다는 걸 알게 된 거야. 그럼 너희는 아버지에게 무슨 말을 하고 싶을 것 같아?"

"아버지, 우리가 오랜 시간 아무것도 모르고 살았네요. 60년 동안 줄곧 아버지를 오해하고 있었어요. 아버지는 언제나 우리를 걱정하고 계셨군요. 우리는 지금 다 행복하게 잘 지내니 걱정하지 마세요."

"아버지, 사랑해요. 아버지는 항상 좋은 분이셨어요. 그곳에서 편히 쉬세요."

"그곳에서 잘 지내고 계신가요? 아버지가 안 계실 때 우리 식구들은 다 아버지를 그리워했어요."

"사랑해주셔서 감사해요. 60년이 지났으니 이제 우리 걱정은 내려놓으셔도 돼요. 아버지가 우리와 함께해주시길 바라요."*

나는 숙제를 걷으면서 학생들의 답을 살펴보다 순간 저도 모르게 눈시울이 촉촉해졌습니다. 아프고 부끄러운 기억이라고 해도 결코 역사를 잊어서는 안 됩니다. 과거가 아무리 어둡고 고통스러웠더라도 역사를 배움으로써 그 기억을 더 따뜻한 시선으로 바라볼 수 있었으면 좋겠습니다. 모든 분노와 불안, 괴로움, 슬픔은 진실을 마주할 때, 비로소 해소될 수 있습니다. 진실이 무엇인지 바르게 알아야만 과거와 화해할 용기와 과거를 이해하는 마음이 생기기 때문입니다.

---

* 귀칭의 유서 내용은 『부치지 못한 유서: 공포의 시대에 사라진 사람들을 기억하며』(위성출판, 2015년)에서 발췌했다. 이 학생들의 말은 이후 『부치지 못한 유서』의 저자를 통해 귀칭의 딸 귀쑤전에게 전해졌다.

아직 국공내전이 한창이었던 1947년 2월 27일에 타이베이에서 정부의 허가 없이 담배를 판매하던 린쟝마이라는 노인이 단속 중이던 공무원에게 잡혀 중상을 입자, 시민들이 반발하자 단속원이 총을 발포해 무고한 시민이 사망하는 사건이 발생했습니다. 이 일을 계기로 시민들이 항의하자 경찰은 오히려 임시 계엄령을 선포하였고, 시민들이 반발하는 과정에서 수많은 사상자가 발생하기 이르렀습니다. 결국 이 시위는 전국적으로 확대되어 정치제도 개혁 등을 요구했지만, 길어지는 시위 속에 3만여 명이 사망했고, 5월 중순에 이르러서야 사건은 종결되었습니다. 이 사건은 대만 역사에서도 가장 비극적으로 기록되고 있습니다.

영원한 친구도, 영원한 적도 없다

중화민국의 외교사

알바니아가 제안한 안건이 표결에 부쳐지기 전에 우리는 의연하게 탈퇴를 선언해야 한다. 미국이 제안한 안건이 표결에 부쳐질 때는 반대표를 던지거나 아예 기권해야 한다. 나는 지금 혁명 지도자로서 이 문제를 결정하는 것이다. 우리는 치욕스러운 자리를 포기하고 국가의 영예를 지키는 것이 낫다.

—1971년 대만의 UN 탈퇴 선언

70, 22, 27, 29, 23, 16……..

이 숫자는 무엇을 의미할까요? 이 여섯 숫자는 각각 1969년, 1979년, 1989년, 1999년, 2009년, 2019년 어느 나라의 수교국 수를 나타냅니다. 정식 국명이 중화민국인 이 나라의 수교국 수는 까딱 잘못하면 그대로 곤두박질치기 일보직전입니다. 중화민국의 수교국은 어째서 해마다 줄어들고 있는 걸까요? 중화민국은 대체 어떻게 처신했길래 국제사회에서 가장 주목받는 아웃사이더가 됐을까요?

1969년은 중화민국 수교국 수가 70개로 절정에 달한 시기였습니다. 그때 이후 나라들은 하나둘씩 대만에게서 등을 돌리기 시작했고, 2023년 3월, 대만 수교국은 13개국밖에 남지 않았습니다.

이웃 중화인민공화국(중국)의 수교국 수는 181개국이고, 대만 사람들이 가장 선호하는 여행지 일본은 전 세계 195개국에 대사관이 있습니다. 대한민국은 191개 나라와 국교를 맺었고, 북한(조선민주주의인민공화국)은 156개 나라와 외교 관계를 유지하고 있지요.

지구상에는 200개에 가까운 주권 국가가 있고, 정상적인 국가라면 수교국 수가 세 자릿수를 가뿐하게 넘습니다. 그렇게 따지면 대만의 상황이 정상이라고 하기는 어렵지요. 오랫동안 수교국 수가 이렇게 낮은 수준에 머무를 수 있다니, 대체 무슨 일이 일었는지 궁금하지 않나요? 모든 일의 시작은 1949년으로 거슬러 올라갑니다.

한국전쟁: 공산주의에 반대하는 민주적인 좋은 친구

1949년은 중화민국에게 불행한 해였습니다. 국공내전에 패한 중화민국 정부는 미국의 지지와 신뢰마저 잃어버렸습니다.

같은 해 8월 미국 국무부는 '중미관계 백서'를 발표했는데, 여기에서 미국 정부는 국공내전에서의 패배를 중화민국의 부패한 정치인과 무능한 군대 탓이라 공언하고, 더 이상 이 전쟁에 끼어들지 않겠다는 입장을 분명히 했습니다.

이듬해 1월, 미국의 트루먼 대통령은 기자회견을 열어 다시 한번 "중국 내전에 개입할 뜻이 없다"라고 공언하고 "대만에 어떤 군사적 지원이나 조언을 제공하지 않겠다"라는 입장을 명확히 밝혔습니다.

반면 미국은 대륙을 차지하고 중국 공산당 정권에는 어느 정도 기대를 품었습니다. 미국 관원 다수는 중국 공산당이 소련과 본질적으로 다르다고 생각했습니다. 중국 공산당을 살살 달래면 냉전 시기에 미국을 도와 동아시아에서 소련을 포위하고 차단하는 도우미 역할을 톡톡히 하겠다고 보았지요. 하지만 미국은 생각은 완전히 빗나갔습니다.

소련은 중국 공산당이 순조롭게 당을 창설하고 나라를 세우도록 이끌어준 스승입니다. 중국 공산당은 건국 후 '이벤다오(一邊倒, 일변도)'라는 구호를 외치며 소련과의 친선 관계를 공고히 하고,

중소 우호동맹 상호 원조 조약 체결 기념 우표 ✦ 1950년 중화인민공화국이 발행한 것으로 스탈린과 마오쩌둥이 악수하는 모습을 그림으로 담았다.

공산국가 진영을 확고하게 지지했습니다. 중국과 소련은 맹우盟友 관계나 다름 없었습니다. 1950년 2월 14일, 중국 공산당과 소련은 '중소 우호동맹 상호 원조 조약'을 체결하고 영원히 함께하겠다는 뜻을 전 세계에 공표했습니다.

이런 움직임은 미국에게 보내는 따끔한 메시지이기도 했습니다. "이제 막 나라를 세운 우리 열기에 묻어갈 생각은 말아라. 미국 너희는 얼마 전까지만 해도 국공내전 때 국민당을 전폭적으로 지원해줬잖아! 그러니 지금 당장 내 앞에서 사라져!"

1950년 6월 25일 새벽 4시, 북한 조선인민군이 38도선을 넘어 남한을 침공하며 한국전쟁이 발발했습니다. 미국은 그 배후에 소련이 있다고 생각했습니다. 한반도는 곧 전쟁터가 되었고 자칫하다간 대만해협도 제2의 전쟁터가 될 수 있는 일촉즉발의 상황이었습니다. 이틀 뒤 미국 트루먼 대통령은 전선이 확대되는 것을 막기 위해 대만에 미국 해군 제7함대를 파견해 대만을 방어했습니다.

미국에 버려졌던 중화민국 정부가 한국전쟁의 도움을 받은 것입니다. 대만해협은 냉전 시기 두 진영의 충돌로 다시 주목을 받게 되었습니다. 뒤이어 중국 공산당이 북한을 돕기 위해 군대를 보냈습니다. '항미원조'를 구호로 내걸고 미군이 주력인 UN군에 맞서 꼬박 3년을 대치하자, 중국 공산당을 향한 미국의 적개심이 불타올랐습니다.

한국전쟁은 표면상으로 한반도에서 일어난 내전처럼 보이지만 미국, 중국, 대만의 삼각관계에도 큰 영향을 미쳤습니다. 이 전쟁으로 미국과 중국 공산당의 사이가 틀어지면서, 미국은 20년간 중국 공산당을 위협적인 적으로 간주하고 외교적 교류를 중단했으며, 중국 공산당과 거리를 유지하며 서로 반목했습니다.

한편 미국은 한국전쟁을 계기로 동아시아에 소련, 중국 공산당, 북한을 봉쇄하는 방어선을 만들어야겠다고 결심했습니다. 그래서 환태평양 지역의 일본, 대한민국, 대만, 필리핀, 호주, 뉴질랜드와 군사협력을 약속하는 상호방위조약을 체결했고, 이로써 중화민국은 미국의 맹우라는 국제적 지위를 되찾았습니다.

그 후로 미국이 공산주의를 저지하려 할 때마다 대만은 '항중보대(抗中保臺, 중국 본토에 대항해 대만을 지키다)'의 이익을 누렸습니다. 1950년부터 1965년까지 미국이 대만에 제공한 경제 원조금은 총 15억 달러에 달했습니다. 대만이라는 이 작은 섬은 끊임없이 미국의 원조를 받으면서 반공 전선에서 민주주의의 보루가 되었습니다. 미국과 중화민국의 이익이 서로 맞아들어가며 중화민국은 세계에서 유일한 '자유 중국'의 지위를 가졌고, UN에서도 유일한 '중국 대표'로 인정받았습니다. '반공복국(反共復國, 제2차 국공내전 후 중국 공산당이 통치하게 된 대륙을 치겠다는 중화민국 정부의 정치적 주장이다—옮긴이)' 개념은 국내 선전용에 그치지 않고, 대외 선전용으로도 사용되었습니다.

이때는 중화민국에게 친구가 없다는 사실도 두렵지 않았습니다. 전 세계 국가 중에 미국의 친구인 국가이기만 하면 대만과도 언제든 친구가 될 수 있다고 여겼지요. 대만은 미국이 세계의 패자 자리를 지키고 있는 한, 저절로 친구들이 늘어날 것이라고 생각했습니다. 대만에게 외교란 '반공'이라는 구호를 신줏단지처럼 붙들고, 미국의 맹우라는 금쪽같은 신분을 잘 지키면서 그 옆에

바짝 붙어 있는 것이었습니다.

영원한 친구도, 영원한 적도 없다

"영원한 친구도, 영원한 적도 없다. 영원한 이익만 있을 뿐이다."
외교계에서 자주 인용되는 이 명언은 어느 시대에나 통합니다.
영원할 것 같던 중국 공산당과 소련의 관계도 삐걱대더니, 둘은
단순한 말다툼을 넘어 몸싸움을 하기에 이르렀습니다.

소련과 중국의 국경 지대에는 우쑤리강이 흐르는데, 여기에는
면적이 0.74제곱킬로미터밖에 안 되는 아주 작은 섬이 있습니다.
1969년 봄, 이 섬은 유난히도 어수선하고 불안했습니다. 소련과
중국이 이곳에서 크게 한판 붙은 것입니다. 중국이 말했습니다.
"이곳은 우리 땅 전바오다오珍寶島다." 그러고는 소련 국경 수비군
(순찰대) 31명을 죽였습니다. 소련이 말했습니다. "무슨 소리! 이
곳은 우리의 다만스키섬Damansky Island이다." 소련은 탱크를 배치하
고 다연장 로켓 BM-21로 중국군 진지를 폭격했습니다.

실질적인 무력 충돌이 일어나면서 중국과 소련의 표면적인 '평
화 공존' 상태에도 금이 갔습니다. 전바오다오 사건 이후로 공산
주의 두 거물 사이가 제대로 틀어진 것입니다. 중국은 소련이 공
산주의를 배신했다고 비난했고, 소련도 이에 지지 않고 응수했
습니다. 그 와중에 중국은 문득 이런 생각이 들었습니다. '우리가
소련과 맞닿은 국경선이 장장 4천 킬로미터나 되잖아! 북쪽의 이
거대한 이웃이랑 등을 돌렸으니, 앞으로는 어떻게 나를 지켜야

하나?'

　속담에 '적의 적은 친구'라는 말이 있습니다. 냉전 기간에 소련의 최대 적은 미국이었습니다. 그래서 중국은 소련과 결별하고 미국과 친구가 되는 방법을 택했습니다.

　한국전쟁 이후 20년간 중국 공산당과 미국은 서로 적대시하기 바빴습니다. 서로를 인정하지도 않았고 왕래도 거의 없었습니다. 그런데 1969년 이후 두 나라는 은밀하게 왕래하며, 화기애애한 분위기를 연출했습니다. 그때만 해도 소련은 중국이 미국과 가까워지고 있다는 사실을 알지 못했고, 대만도 미중 관계가 마른 장작처럼 활활 불타고 있다는 사실을 몰랐습니다.

　1971년 4월, 미국과 중국의 관계가 마침내 수면 위로 드러났습니다. 중국이 먼저 손을 내밀어 미국 탁구팀을 중국으로 초청했습니다. 미국 탁구팀은 실제로 베이징, 상하이에 가서 두 경기를 치렀습니다. 탁구팀원들과 수행 기자들은 1949년 신新 중국을 건국한 이래 최초로 중국 땅을 밟도록 허락된 미국인들이었습니다.

　이 소식을 들은 대만 당국은 당혹감을 감추지 못했습니다. 중국과 미국이 서로 비밀리에 접촉한 지 벌써 2년이나 되었다는 사실에 큰 충격을 받았습니다. 미국과 중국은 이미 믿을 수 없을 만큼 돈독한 사이가 되었습니다. 같은 해 7월, 미국 리처드 닉슨 대통령이 비밀리에 헨리 키신저 당시 미국 국가안보 보좌관을 중국으로 보내면서 본격적으로 외교의 역풍이 불기 시작했습니다.

　1971년 유엔에서 불어온 바람은 유난히도 싸늘했습니다. 그해 유엔 총회에서는 대만에 관한 두 가지 중요한 안건을 표결에 부쳤습니다.

첫 번째 안건은 알바니아 등의 국가에서 제안한 '중화민국을 배제하고 중화인민공화국을 가입시키는 방안'이었습니다. 이 제안은 간단히 말해서 '중화민국 아웃, 중화인민공화국 인'이라는 뜻입니다. 중화민국은 국공내전에서 패하고 대륙을 잃은 후로 이미 유엔에서 '중국 대표'를 맡을 권리를 상실했으니 유엔에서 중화민국의 자격을 배제하고, 대륙을 실질적으로 통치하는 중국 공산당 정권을 '중국 대표'로 삼아야 한다는 의견이었습니다.

두 번째 안건은 중화민국에 선의를 가지고 있던 미국이 제안한 '공동 대표' 방안이었습니다. 중국 대표 자리를 두 개로 만들어 중화인민공화국과 중화민국 둘 다 유엔에 남겨야 한다는 의견이었습니다.

어느 방안이든 중화민국의 입장은 난감했습니다. 첫 번째 방안으로 가면 말 그대로 유엔에서 내쫓기게 생겼고, 두 번째 방안으로 가면 평소 대륙에 반격하고 공산당을 없애자며 부르짖던 대만이 중국 공산당을 또 다른 중국으로 인정해야 했습니다. 중화민국은 아예 유엔에서 내쫓기느니 울며 겨자 먹기로 두 번째 방안을 택할 수밖에 없었습니다.

하지만 현실은 잔혹했습니다. 투표 전까지도 외교 공방이 끊이지 않았습니다. 중화인민공화국은 전심전력으로 표심을 모아 성공적으로 유엔에 가입하고 중화민국을 완전히 몰아내기를 바랐습니다. 중화민국도 최선을 다해 표를 끌어모으고 여러 나라에 부탁도 해보았지만, 당시 대만의 중요한 후원자인 미국이 이미 중국과 우호적인 관계에 진입했다는 것은 전 세계가 다 아는 사실이었습니다.

외교는 힘의 싸움입니다. 중화인민공화국은 조그마한 중화민국(대만)보다 국토 면적, 인구, 경제 규모 등에서 월등히 앞섰습니다. 당신이 만약 유엔 회원국이라면 최종적으로 누구에게 표를 던지겠나요?

투표 전날 밤, 대만의 외교부 인사들은 상황이 어떻게 돌아가고 있는지 대략 파악했습니다. 실제로 투표를 진행했다가는 본전도 못 찾겠다고 생각했겠지요. 그들은 큰 결심을 합니다. '현장에서 처참하게 깨지느니 차라리 우리가 먼저 유엔한테 헤어지자고 말해야겠다!'

그리하여 당시 장중정(蔣中正, 장개석의 본명) 총통은 다음과 같이 지시했습니다.

> 유엔에서 만약 실패해도 영광스러운 실패여야지, 치욕스러운 실패가 되면 안 된다…. 현재 유엔은 이미 정의롭다고 할 수 있는 법률이 부재한 난장판이라 미련을 둘 필요가 없다. 이번에 유엔 총회에서 중국 대표권에 관해 알바니아가 제안한 방안이든 미국이 제안한 방안이든 둘 다 유엔 헌장을 위배한 것이다. 대만의 권리를 박탈하는 정도에 차이가 있을 뿐이다…. 따라서 알바니아가 제안한 안건이 표결에 부쳐지기 전에 우리는 의연하게 탈퇴를 선언해야 한다. 미국이 제안한 안건이 표결에 부쳐질 때는 반대표를 던지거나 아예 기권해야 한다. 나는 지금 혁명 지도자로서 이 문제를 결정하는 것이다. 우리는 치욕스러운 자리를 포기하고 국가의 영예를 지키는 것이 낫다.

2758 (XXVI). Restoration of the lawful rights of the People's Republic of China in the United Nations

The General Assembly,

Recalling the principles of the Charter of the United Nations,

Considering that the restoration of the lawful rights of the People's Republic of China is essential both for the protection of the Charter of the United Nations and for the cause that the United Nations must serve under the Charter,

Recognizing that the representatives of the Government of the People's Republic of China are the only lawful representatives of China to the United Nations and that the People's Republic of China is one of the five permanent members of the Security Council,

Decides to restore all its rights to the People's Republic of China and to recognize the representatives of its Government as the only legitimate representatives of China to the United Nations, and to expel forthwith the representatives of Chiang Kai-shek from the place which they unlawfully occupy at the United Nations and in all the organizations related to it.

1976th plenary meeting,
25 October 1971.

유엔 총회 결의 제2758호 ✦ 1971년 10월 25일에 채택된 유엔 총회 결의로, 중화인민공화국의 권리를 회복한다는 내용을 담고 있다. 대만은 이에 반발하여 UN에서 자진 탈퇴했다.

투표 당일, 중화민국의 대표는 일찍 자리를 뜨며 성명을 발표했습니다. "현재 불합리한 감정과 절차의 그림자가 유엔을 뒤덮고 있기 때문에, 중화민국 대표단은 오늘부로 유엔에서 열리는 어떠한 회의에도 참석하지 않을 것이다. 유엔 설립 당시의 신념은 배신당했다."

유엔 총회에서 알바니아 등이 제안한 안건은 찬성 76표, 반대 35표로 통과되었습니다. 이로써 중화인민공화국은 유엔에 정식으로 가입하며 '중국 대표' 자리를 얻었습니다.

그때부터 대만 외교는 하락세를 걸었습니다. 1972년 대만이 유엔을 탈퇴한 이듬해에는 유엔에서 오랫동안 대만을 지지해오던 일본이 중화민국에 단교를 선언했습니다. 설상가상으로 다른 수교국들도 잇따라 단교를 선포했습니다. 대만의 수교국 수는 60개국에서 50, 40, 30, 20개국으로 계속 줄어들었습니다. 이보다 더 나빠질 수 없는 상황이었지만, 사실 그 아래 더 깊은 지옥이 있었습니다.

1978년 12월 16일, 미국 카터 대통령은 1979년 1월 1일부터 중화인민공화국과 수교하고, 중화민국과 단교하겠다는 내용을 기습 발표했습니다. 미국은 대만에 주둔하던 미군을 철수시키고 타이베이 주미 대사관도 폐쇄하기로 결정했습니다.

믿었던 맹우가 총을 쏘자, 배신당한 대만 민중의 마음에 불이 붙었습니다. 계엄 상태였음에도 성난 젊은이들이 가두시위를 벌이며 항의했고, 대만에 와서 단교 절차를 논의하던 미국 대표단에게 달걀을 던지며 마음속에 가득 찬 울분을 발산했습니다.

이때부터 대만은 앞으로 누구도 믿어서는 안 된다는 것을 깨달았습니다. 앞으로 대만은 강대국의 틈바구니에서 살아남기 위해 고군분투할 수밖에 없는 운명이었습니다.

실용주의 정책을 펼치는 대만

한국전쟁 이후 대만은 한동안 미국의 힘에 기대어 국제사회에서 환영을 받으면서 중국 공산당을 배척할 수 있었습니다. 중화민국은 '하나의 중국'을 나타내는 유일한 대명사였습니다.

하지만 대만이 유엔을 탈퇴한 후 단교 행렬이 끊임없이 이어졌고, 단교한 국가들은 "이 세상에 중국은 하나뿐이다. 대만은 신성

리덩후이(1923-2020) ◆ 최초 대만 현지 출신의 총통으로, 선거로 당선된 첫 총통이자 대만의 민주화를 이끈 인물이다.

한 중화인민공화국 영토의 일부분이다"라고 외치는 중화인민공화국의 손을 들어주었습니다.

대만은 결국 한발 물러날 수밖에 없었습니다. 리덩후이李登輝 총통이 정권을 잡은 후, 대만은 '실용적인 외교'를 구상했습니다.

대만으로서는 더 이상 '하나의 중국'을 외칠 수 없게 되었기 때문입니다. 국제사회에서 대만은 중화인민공화국과 제로섬 게임을 진행할 능력이 없었습니다. 결국 중화민국은 주권 독립 국가로서 중국 공산당의 존재를 존중하니, 우리의 존재도 인정해달라는 메시지를 전 세계에 전할 수밖에 없었습니다. 중화민국과 중화인민공화국은 서로 대화하고 교류할 수 있으며, 각자를 국제사회에서 존재감을 드러내는 독립적인 나라로 인정해달라는 것이었습니다.

하지만 중화인민공화국은 여전히 '하나의 중국' 원칙을 고수하고 있습니다. 중국이 두 개일 가능성도, 중국과 대만이 별개의 국가로서 존재할 가능성도 없다는 주장이지요. 중화인민공화국이 이 원칙을 고수하는 한, 대만은 계속해서 외교적으로 곤경에 처하고 국제적으로 성장하기도 결코 쉽지 않을 것입니다. 대만으로서는 어떻게든 힘을 키워 스스로를 잘 지키는 일밖에 할 수 있는 일이 없겠지요.

국제 관계에서 항상 누군가의 보호에만 기대는 일은 위험합니다. 2022년에 많은 대만인이 낸시 펠로시 당시 미국 하원 의장의 대만 방문 일정을 계속 주시하고, SPAR19 전용기 이착륙 생중계를 꼼꼼하게 모니터하며, 대만과 미국 관계의 역사적인 순간을 지켜보면서 흥분과 감동을 느꼈습니다.

하지만 역사는 우리에게 말해줍니다. 영원한 친구는 없고 영원한 이익만 있을 뿐이며, 다른 나라와 수교는 대부분 의리가 아닌 자국의 이익을 좇아 맺는 것일 뿐이라고 말입니다. 결국 약소국이 살아남으려면 스스로를 보호할 수 있는 실력을 갖추고 대체 불가능한 능력을 키워야 합니다.

외교적 자유를 갈망하는 이는 스스로 책임을 질 힘이 있어야 합니다. 언젠가 거대한 중력에 저항하며 큰 비행을 해야 할지도 모르니까요.

한 걸음 더 **한국과 대만의 관계**

냉전 시절에 한국(대한민국)과 대만(중화민국)은 강력한 동맹국을 유지했습니다. 중화민국은 일제 강점기 시절 대한민국 임시정부의 활동을 지원하기도 했고, 전후에는 '반공'이라는 공통 과제를 함께 논의하기도 했지요. 1948년 8월 13일에 한국과 대만은 공식적으로 수교를 체결하고 서로 공관을 설치했습니다. 외교 관계는 45년간 유지되었는데, 1992년 8월 한국 정부가 중화인민공화국과의 공식 수교를 발표하면서 끝이 납니다. 대만은 이에 항의하였지만 둘의 수교 관계는 공식적으로 단절되고 말았습니다. 단교 이후에는 간적접인 방식으로 교류가 이루어지고 있습니다.

15장

한계 없는
성장이 계속되다
전후 대만 경제의 기적

"수십 년 전에는 대만 사람 대다수가 농민이었는데, 지금은 1인당 연 소득이 스페인, 그리스를 앞지르고 폴란드, 체코, 러시아보다 월등히 높다. 현재 세계 경제 성장세는 둔화하지만, 대만의 연간 경제성장률은 여전히 7%이며 실업률은 1.4%를 안정적으로 유지하고 있다."

—1992년 『뉴욕 타임스』 중에서

수십 년 전 대만은 정말 가난한 나라였습니다. 농업 사회였던 대만은 1950년 1인당 국민 소득이 916달러에 불과했습니다. 그런데 갑자기 놀라운 일이 벌어졌습니다. 세계은행 자료에 따르면, 1960부터 1985년 사이에 전 세계 1인당 GDP가 가장 빠르게 성장한 나라 중 대만이 세계 2위를 차지했습니다. 1인당 GDP가 25년 동안 370%나 성장했지요. 아프리카 최대 다이아몬드 생산국인 보츠와나Botswana만 광산 채굴을 힘입어 유일하게 대만을 앞섰습니다.

보츠와나처럼 다이아몬드가 나온 것도 아닌데, 1960년대부터

1980년대까지 대만은 빈곤한 나라에서 한순간에 돈이 넘치는 보물섬으로 변신했습니다. 실질적으로 매년 거의 10%에 달하는 경제성장률을 기록하며 단숨에 신흥공업국가로 돌아섰습니다. 서양에서는 홍콩, 싱가포르, 대한민국과 함께 대만을 동아시아 경제 기적으로 인정하며 '아시아의 네 마리 용'이라고 부르기도 했습니다.

대만의 성장은 동아시아의 경제 기적 수준이 아니라 인류 역사에서도 기적적인 발전이었습니다. 전 세계에서 가장 먼저 산업혁명이 시작된 영국은 농업사회에서 공업국가로 전환하는 데 100년이 넘는 시간이 걸렸습니다. 미국도 100여 년, 일본은 70여 년이 걸린 데 비해 대만은 불과 20여 년 만에 신흥공업국가로 발돋움했습니다.

보통 경제가 이렇게 빠르게 성장하는 경우, 부자는 더 부자가 되고 가난한 사람은 더 가난해지기 쉬운데 놀랍게도 대만은 빈부격차가 그리 벌어지지도 않았습니다. 1960~1980년대 대만 상위 20% 부자들의 평균 수입이 상위 20% 가난한 사람들의 5배였습니다. 이 숫자는 당시 전 세계에서 가장 낮은 비율에 속했고, 이 차이가 4배 이하인 국가는 전무했습니다.

오늘날 젊은 대만인이 이 이야기를 들으면 굉장히 놀랄 것입니다. 요즘 청년들은 먹지도 마시지도 않고 20년을 열심히 일해 봤자 집 한 채 장만할 수 없다는 말을 많이 합니다. 빈부격차가 날로 벌어지고 가난한 사람이 인생 역전하기는 거의 불가능해졌지요. 그럼 도대체 이 시기에는 무슨 일이 있었길래 대만 경제가 이렇게 성장할 수 있었던 것일까요?

1950~1960년대: 미국, 도와줘

대만 록밴드인 소화기 밴드滅火器樂團의 〈1945〉라는 노래에는 이런 가사가 나옵니다. "평화가 기슭에 닿기를 기다리고, 비행기가 빨리 지나가기를 기다린다." 사실 이것은 그냥 나온 가사가 아닙니다. 제2차 세계대전 후반에 모든 대만인은 미군의 항공기가 이제 대만에 그만 왔으면 하고 간절히 바랐습니다. 대만은 동아시아 지역의 해상 및 항공 교통의 허브로서 제2차 세계대전 중 일본군이 중국, 동남아시아 전쟁터를 폭격했을 당시 핵심 후방 기지였습니다. 이를 막고자 1945년 미국은 제5항공대를 파견해 연 7,709대를 출동시키고, 대만에 각종 폭탄 15,804톤과 네이팜탄 61,445갤런을 투하했습니다.

미군이 한번 출정했다 하면 풀 한 포기 살아남지 못했습니다. 당시 대만 최고 행정기관이던 대만총독부(지금의 총통부)는 직격탄을 맞았고, 가오슝항은 근처 주요 건물과 시설이 거의 다 무너져 항구로서 기능을 완전히 상실했습니다. 르웨탄 수력발전소도 심각하게 파괴되어 대만 전력 공급의 60%가 손실되었습니다. 밤낮없이 계속되는 미군의 폭격으로 대만 주요 건물의 절반이 훼손되었습니다. 전쟁의 영향으로 중화민국이 된 후 대만의 농공업 생산량은 일본 통치 시대와 비교해 눈에 띄게 줄어들었습니다. 전후 대만은 경제 항목별 지수가 하나같이 처참한 수준으로 변했습니다. 물자도 부족하고 실업도 심각했지만, 그보다 더 큰 문제는 재정 적자였습니다.

이렇듯 미국은 한때 대만에게 악몽 같은 존재였지만 1950년 한국전쟁 후에는 의지할 수 있는 가장 중요한 버팀목이 되었습니다. 한국전쟁이 시작되고 대만은 미국의 동아시아 전략 구상에서 반공주의의 최전선이 되었습니다. 냉전 시대 민주주의의 성지로서 1950년부터 1965년까지 15년간 미국은 대만에 군용 물자, 무기와 설비를 제공하고 대만의 군사 훈련을 돕기도 했습니다.

그뿐 아니라 미국은 대만에 매년 평균 1억 달러 정도에 달하는 경제 원조를 제공했습니다. 당시 신 대만달러와 미국달러를 1대 40으로 환산해보면, 해마다 대만이 미국에게 40억 대만달러를 지원받은 셈입니다.

미국은 농업 생산이 고도로 기계화되었고 농지 면적이 넓은 데다 생산량이 엄청났습니다. 미국에서 나는 산물을 자국 내에서 다 소비할 수 없을 정도였지요. 그럼에도 미국 정부는 농작물을 모두 소비하겠다고 약속하며 농사를 계속 독려했습니다. 정책적으로 산업을 보호해주는 정부 덕분에 미국 농민들은 안심하고 농작물을 재배할 수 있었습니다.

미국은 남은 식량을 다른 나라에 팔거나 선물했는데 대만도 그중 하나였습니다. 미국의 밀가루, 분유, 밀, 콩, 목화 등을 보내 대만을 원조했습니다. 그런데 대만은 쌀을 주식으로 하는 나라여서 대만 사람들은 밀가루를 도무지 어떻게 먹어야 할지 몰랐습니다. 대만 정부와 미국 대표는 '밀가루 음식 보급 지도 위원회'를 구성해 대만 전국 각지를 돌며 사람들에게 밀가루 음식을 만드는 법을 가르쳐주는 요리 쇼를 진행했습니다. 그리고 현장에서 시식할 수 있게 손으로 만든 만터우(소가 없는 찐빵), 화쥐안(꽃빵), 수이지아오(물만두), 샤오룽바오, 충유빙 등을 제공했습니다.

밀가루를 대만 사람의 입맛에 맞는 음식으로 탈바꿈해 제공하니 시식하라는 말만 들려도 지나가던 사람들의 눈이 번쩍 뜨였고 시식 규모가 커질수록 대기 줄이 끝도 없이 이어질 정도로 사람이 많았습니다. 결과적으로 밀가루 음식에 대한 사람들의 관심도 높아졌습니다.

정부는 밀가루가 쌀보다 영양이 우수하고, 우유가 건강에 좋으며, 빵을 우유와 같이 먹으면 머리가 좋아지고 미국인처럼 키가 커진다고 대대적으로 홍보했습니다. 사람들이 이를 믿었는지 안 믿었는지는 모르겠지만 미국의 무료 원조와 적극적인 홍보 덕에 국수, 빵, 물만두, 소 없는 찐빵 등 밀가루 음식이 1960년대 후반 들어 서서히 대만의 주식으로 자리 잡았습니다.

미중 합작 밀가루 포대 ✦ 대만인들은 미국이 보내준 밀가루뿐만 아니라 그 포대까지도 알뜰하게 사용했다(위산학회 제공).

사실 그 당시에 흰쌀은 국제적으로 가격이 대폭 오른 반면, 밀은 지나치게 저렴했습니다. 게다가 대만은 네덜란드 시대부터 이미 쌀 수출 능력이 있던 쌀 생산지였습니다. 미국으로부터 구매하거나 제공받은 밀가루가 남아돌자 정부는 계속 사람들에게 밀가루 음식을 더 많이 먹으라고 독려했습니다. 대신 대만에서 생산한 쌀은 수출해서 외화를 벌어들이려는 생각이었지요.

대만인의 근검절약 정신은 무

한한 가능성을 만들어냈습니다. 밀가루를 미친 듯이 소비하면서 쌀 소비를 억제하고, 대만에서 난 쌀을 수출해 처음으로 거금을 벌어들이며 산업 고도화를 위한 자본을 축적했습니다.

대만 사람들은 밀가루 포대까지도 알뜰살뜰 사용했습니다. 밀가루 포대는 미국산 면으로 만들어져서 부드럽고 편안했으며, 통기성과 보온성이 좋아 밀가루뿐 아니라 기저귀를 담기에도 적합했습니다. 심지어 재봉틀로 살짝 꿰매면 어린이 팬티로도 쓸 수 있었습니다.

그런데 미국 원조금에서 가장 큰 비중을 차지했던 것이 대만의 인프라 건설 투자라는 사실을 간과하면 안 됩니다. 심지어 그 당시에는 '미국이 아스팔트를 내고 대만은 땅을 낸다'라는 속담으로 '봉산개로 우수가교(逢山開路 遇水架橋, 산이 가로막으면 길을 만들고 강이 가로막으면 다리를 놓는다)'라는 미국의 강력한 지원을 묘사하기도 했습니다.

예를 들면 다음과 같습니다. 대만의 동서를 가로지르는 속칭 '중형'은 타이중을 기점으로 구관, 리산에서 다위링을 지나 리우시를 따라 내려간 뒤 톈샹을 거쳐 화롄 타이루거까지 이르는 도로입니다. 사실 이 도로는 1955년도 군사원조 군용 도로 계획의 일부분으로, 공사 비용의 약 80%와 핵심 기술자, 건축 자재 등을 미국 원조금에서 조달했습니다.

타오위안, 신베이, 신주 등 대만 북부에서 300만 명이 넘는 사람에게 수력 발전용수 및 가정용수를 제공하는 스먼쉐이쿠(대만 최초의 다목적 저수지―옮긴이)도 건설비의 절반 이상을 미국 원조금에서 조달하고 저수지의 본체 공사 설계, 시공, 검사 및 테스트

시뤄다차오西螺大橋 ◆ 시뤄
다차오는 1952년 준공되어
1953년 정식 개통되었다.

도 미국의 자문을 받아 완성했습니다.

한편 쥐수이시를 넘어 윈린과 장화를 연결하는 시뤄다차오(서
라대교)는 대만 시골 사람들에게 아득히 먼 꿈이었습니다. 일본
통치 시대부터 대교 건설을 계획하고 착공도 했지만, 건축공법의
한계와 경비 문제 등으로 공사가 계속 지연되었기 때문입니다.
그런데 미국의 원조를 받으니, 말이 달라졌습니다. 미국은 강재鋼
材를 후원했는데, 미국에서 제조한 철골을 머나먼 대만 땅으로 운
송해 시뤄에서 조립하는 과정을 거쳐 1952년 마침내 시뤄다차오
가 준공되었습니다. 당시 시뤄다차오는 미국 샌프란시스코 금문
교에 이어 세계에서 두 번째로 큰 대교이자 당시 아시아를 통틀
어 가장 긴 다리였습니다. 대만 각지에 대만전력공사(TPC)가 세
운 주요 발전소를 세우고 교통부 전신총국이 관련 설비를 보수,
확충하는 데도 미국 원조금의 도움을 받았습니다.

국공내전 이후 중화민국 정부가 대만으로 몸을 피할 때는 시

국이 몹시 불안했습니다. 양안의 긴장 국면에 대비해 국방비 지출에 대한 부담이 커졌고, 생산 부문은 제2차 세계대전으로 입은 손상을 아직 회복하지 못한 상태였습니다. 설상가상으로 국공내전의 영향으로 악성 인플레이션이 발생해 물가도 급등했습니다. 그런데 미국이 보낸 제7함대가 도착하고 군사 원조가 이어지면서 국방 안전도 더 이상 걱정할 필요가 없어졌습니다. 중화민국도 중화인민공화국과 맞설 만큼 충분한 힘이 생긴 것이지요.

미국의 경제적 원조는 대만의 물자 부족 문제를 해결하고 기본적인 국민 수요를 만족시키며 민생을 안정시켰습니다. 먹고사는 문제가 해결되니 사람들의 기분도 좋아졌습니다. 큰 문제가 아니고서는 정부에 불만을 표시하지도 않았습니다. 덕분에 통치자에게는 자신의 정책을 펼칠 수 있는 여유가 더 생겼습니다.

인프라 건설에 대한 대폭적인 지원은 생활에 필요한 시설과 교통 시설을 완비하는 데 도움을 주었습니다. 이런 인프라가 없었다면 대만의 공업화는 실현될 수 없었을 것입니다. 거인의 어깨 위에 서서 더 높이, 더 멀리 바라본다는 말이 있지요? 대만은 형님 국가였던 미국이 쥐어준 거액의 돈으로 훨씬 더 빠르고 안정적으로 발전할 수 있었습니다.

1960~1980년대: 자리에 앉으세요, 이륙 준비합니다!

하늘에 굳게 맹세한 사랑도 천년만년 간다는 보장이 없는데, 하물며 미국의 원조는 더 말할 것도 없겠지요. 국제 관계는 언제 어

떻게 변할지 모르니 어느 날 갑자기 미국의 원조가 끊긴다고 해
도 전혀 이상할 게 없었지요. 1960년 대만 정부는 자립을 준비하
며 '투자 장려 조례'를 통과시켰습니다. 사람들에게 세금을 감면
해주고, 토지 및 대출 보조금을 지급해 대만의 각 산업에 적극적
으로 투자하고 수출 및 판매하도록 장려한다는 내용입니다. 산업
체제 전환을 강화해서 하루빨리 성공하고 자립하려는 목적이었
습니다.

이후 1965년 미국은 대만이 자력으로 갱생해서 자신의 미래를
준비할 수 있게 원조 중단을 결정했습니다. 이듬해인 1966년, 대
만 정부는 가오슝 쳰전에 전 세계 최초로 수출 가공 공단을 설치
하겠다고 발표했습니다. 공단 내에서는 모든 수입 원료, 부품, 기
계설비의 관세가 면제되었고 수출세를 환급받을 필요도 없었습
니다. 행정절차는 간편해지고 복지 혜택은 늘었습니다. 이 모든
혜택은 대만에 공장을 건설하면서 외국 업체의 투자를 유치하려
는 목적이었습니다.

이런 혁신적인 조치는 첫해에만 1,500만 달러 규모의 투자를
유치했습니다. 면적이 68헥타르인 수출 가공 공단은 2년 만에 금
세 포화 상태가 되어 정부는 가오슝 난쯔와 타이중 탄쯔에 새로
운 수출 가공 구역(Free trade zone, 자유무역지역)을 설치해 기업들
이 공장을 건설할 수 있는 부지를 마련했습니다.

수출 가공 구역은 대만의 경제 기적을 견인했습니다. 당시 쳰
전의 수출 가공 구역은 설립되자마자 수많은 입주업체를 유치하
고 4천여 개의 일자리를 창출했습니다. 이로써 대만의 산업 체제
전환을 성공적으로 이끌어 인근 농촌 지역에 남아도는 농업 노동

력을 수출 가공 구역에 생산 노동력으로 투입시켰습니다.

가오슝 쳰전, 난쯔, 타이중 탄쯔 이 세 수출 가공 구역의 전성기 때는 이곳 노동 인구만 9만 명을 넘었고 퇴근 시간 때는 스쿠터, 자전거, 버스가 도로에 꽉꽉 들어찼습니다. 정부는 버스, 기차, 페리를 증편 운행하고, 업체들은 교통 체증 문제를 완화하기 위해 서로 협조하여 차례대로 퇴근 인원을 배정했습니다. 수출 가공 구역은 그야말로 대만의 수많은 가정을 먹여 살렸습니다.

수출 가공 구역에 입주한 공장들은 주로 옷, 신발, 손목시계, 우산, 장난감, TV, 가정용 게임기, 녹음기, 카메라, 각종 전자 부품 등을 생산했습니다. 이 제품들은 전부 수출 가공 구역에서 제조한 100% '메이드 인 타이완'으로 가오슝항에서 전 세계로 수출되었습니다.

당시 활력 넘치게 돌아가는 수출 가공 구역 덕에 '메이드 인 타이완'은 세계 1위 타이틀을 수도 없이 거머쥐었습니다. 대만에서 만든 선풍기, 자전거, 테니스 라켓, 보온병, 재봉틀, 신발, 우산은 값도 싸고 질도 좋아 전 세계에서 사랑받았습니다. 1983년 대만에서 신발을 총 5억 2천 켤레를 만들어 수출했는데, 당시 전 세계 인구 9명 중 1명이 대만에서 만든 새 신발을 신었다는 의미였습니다.

한편 대만은 10여 년 연속 '우산 왕국'이라는 타이틀을 지켰는데, 어느 우산 제조업자는 이렇게 말했습니다. "1980년대 초반에는 우리가 만든 우산이 이미 전 세계 곳곳에 퍼져 있었다. 대만에 우산 주문을 넣는 모든 외국 업체는 주문량이 아무리 많아도 우리에게 그 주문량을 소화할 수 있는 공장과 직원들이 충분하다는 걸 알고 있었다."

1995년 상영한 영화 《토이스토리》에 보면 항상 "To infinity, and beyond(무한한 공간 저 너머로)!"를 외치며 자신이 진짜 우주 경비원이라고 생각하는 버즈 라이트이어가 등장합니다. 버즈는 자기 팔에 있는 보이스 박스 안쪽에 'Made in Taiwan'이라고 새겨진 것을 본 후에야 자신이 장난감이라는 사실을 깨닫지요. 사실 이는 《토이스토리》의 감독이 어렸을 때 가지고 놀던 장난감이 거의 다 '메이드 인 타이완'이었던 데서 비롯된 장면입니다.

1961년부터 1972년까지 대만의 수출 금액은 1억 2천 달러에서 29억 9천 달러로 15배 성장했습니다. 이 기간에 대만의 연평균 경제성장률은 10.2%였습니다. 2022년 기준, 대만의 경제성장률이 3.04%인 것과 비교하면 엄청난 수치입니다.

1970년대 이후에는 중동 문제로 유가가 급등하며 두 차례에 걸쳐 석유 파동(에너지 문제)이 있었습니다. 하지만 이 때도 대만은 충분한 경제 회복 탄력성으로, 시기적절한 대응을 통해 위기를 기회로 바꿀 수 있었습니다.

제1차 석유 파동 때 정부는 강철, 석유화학, 조선 등 중공업 설립과 원자력 발전소, 고속도로, 국제공항, 국제항만, 철도의 전철화 등 공공시설 건설을 포함한 10대 건설 사업에 착수했습니다. 정부의 막대한 공공지출 덕분에 경기가 회복되었고 대만은 좀 더 완전한 인프라를 갖추게 되었습니다.

제2차 석유 파동 때는 '신주과학단지'를 조성했습니다. 1980년 신주과학단지를 설립한 취지는 '첨단 기술 산업과 과학기술 인재를 유치해 대만 국내 산업 기술 연구와 혁신을 독려하는 것'이었습니다. 이후 대만의 '호국신산(나라를 지키는 신령한 산)'이라 불리는 TSMC(세계 최대 반도체 파운드리[위탁 생산] 기업)가 입주하면서 대만은 노동 집약적인 경공업 중심 국가에서 기술 집약적인 첨단 기술 산업 중심 국가로 전환할 수 있었습니다. 모든 수출 가공 구역은 2021년에 '과학기술 산업단지'로 재탄생했습니다.

사실 수출 가공 구역은 단순한 경제 용어가 아닙니다. 수많은 사람이 이곳에서 청춘을 보냈고, 수많은 대만 중산층 가정의 생계가 이곳에 달려 있었으며, 'Made in Taiwan'이라는 경제 기적을 이곳에서 일구어냈습니다. '과학기술 산업단지'라는 용어도 틀린 건 아니지만, 이 단어에서는 그 시대 사람들의 향기는 잘 느껴지지 않지요.

그러나 시대의 흐름은 막을 수 없고 다시는 돌아올 수 없는 일들이 있는 법입니다. 설령 과거의 영광이 있었더라도 늘 과거의 처방에만 의존할 수는 없습니다.

대만은 현재 여러 문제에 직면해 있습니다. 출산율이 역대 최저치를 끊임없이 갱신하면서, 더 이상 노동 집약적 산업으로 돌아갈 수 없게 되었습니다. 투자 환경도 독보적이지 않아 산업이 외부로 이동하고, 월급 인상은 영원히 물가 상승 속도를 따라잡지 못할 것 같습니다. 아직까지는 대만의 산업이 꾸준히 고도화하고 과학기술이 발전하고 있지만 이런 긍정적인 데이터도 최근 몇 년간 사람들이 몸소 체험한 무력감을 없애주지는 못하고 있습니다.

그렇지만 여전히 대만 경제 발전의 모든 단계에 이스터 에그 (easter egg, 채색한 달걀로 부활절 선물이나 장식용으로 쓰이며, 프로그램

에 숨은 기능이나 메시지를 의미하기도 한다 — 옮긴이)가 있기를 기대
합니다. 이 이스터 에그에서 어떤 새로운 것이 부화할지 아직은
알 수 없지만, 지금 우리의 삶도 먼 훗날 바라보면 눈부신 역사가
되어 있을 것입니다.

16장

중화민족의 정신부터
K-POP까지
대만 사회문화의 변화

우리 노래는 청춘의 불길,
풍작의 대합창이야.
우리 노래는 세찬 바다,
풍작의 대합창이야.

―〈노고수〉(작사: 량징펑, 작곡: 리샹쩌)

여러분은 언제부터 나이가 들어간다고 느끼셨나요? 배부르게 먹으러 갔는데 30분 만에 전투력을 상실하고 휴대폰만 보기 시작할 때? 휴일인데 아무리 해도 정오까지는 도저히 잠을 잘 수 없을 때? 그것도 아니면 건강 검진하러 갔다가 10킬로그램이 쪘다는 걸 알게 됐을 때인가요?

유럽의 음악 스트리밍 플랫폼 디저^{Deezer}는 2018년에 영국인 1천 명을 대상으로 음악 청취 선호도를 조사했습니다. 조사 결과 신곡을 가장 즐겨 듣는 연령은 24세였는데, 이중 75%는 매주 신곡을 최소 10곡 정도 들었습니다. 연령대가 올라가면서 30세 전후가 되면 거의 신곡을 듣지 않고 같은 레퍼토리를 반복해서 듣기 시작하는데, 이것을 '음악 마비' 현상이라고 부릅니다.

심리학 연구에 따르면, 각종 사물에 대한 사람의 선호도는 노래를 경청하는 습관부터 소설 취향, 구매하는 치약 유형에 이르기까지 전부 청소년기 후반이나 20세 초반에 이미 정형화됩니다. 그리고 그 형태는 우리가 젊었을 때 한창 유행하던 스타일을 반영합니다. 가장 좋아하는 노래 한 곡과 가장 좋아하는 가수 한 명을 알면 그 사람이 속한 시대적 코드를 대충 알아맞힐 수 있다는 이야기지요.

그 시절 함께 들었던 노래, 정주행하던 드라마, 간식, 소설과 만화는 삶의 일부이자 많은 사람이 기억하는 역사의 일부입니다. 대만도 전후 시기부터 지금까지 시대마다 독특한 궤적을 그려왔고 그 속에는 다양한 세대와 집단의 청춘이 숨어 있습니다. 눈 깜짝할 새에 흐른 80년 동안 대체 무슨 일이 있었을까요?

누가 진짜 중국인인가?

2022년 8월 5일 중국 웨이보微博 인기 검색어 1위는 "지도는 대만성의 모든 거리를 보여준다"였습니다. 당시 중국 네티즌들은 신대륙이라도 발견한 것처럼 모바일 지도 앱으로 '대만성'을 검색해보고는 뤄양제, 한커우제, 난징둥루, 중칭베이루 등 익숙한 거리 명칭이 많다는 것을 알고 놀라워했습니다. 한 네티즌이 "대만성의 거리 이름이 죄다 대륙의 도시 이름이네. 이 길들이 조국으로 귀환하는 길이다"라고 이야기하자 이런 댓글이 달렸습니다. "톈진에는 타이완루가 있는데, 대만에도 톈진루가 있으려나?"

이틀 뒤 중국 외교부의 화춘잉 대변인은 트위터에 이런 글을 올렸습니다. "바이두 지도에 보면 타이베이시에는 산둥자오쯔관(산동 교자관)이 38곳, 산시몐관(산서면관)이 67곳이 있다. 입맛은 못 속인다. 대만은 언제나 중국의 일부였다. 오래 떨어져 있던 아이는 결국 집으로 돌아올 것이다."

하지만 이는 몰라도 한참 모르는 소리입니다. 왜 대만에 있는 많은 도시의 지명과 도로명이 중국보다 더 중국 같은지를 먼저 알아야 합니다. 중화민국 정부는 제2차 세계대전이 끝나고 대만이 일본의 식민 통치에서 벗어나 광복을 맞이하자 일본 문화에서 벗어나 중화민족의 문화를 드러내길 바랐습니다.

1945년 10월 25일 정식으로 성립된 대만성 행정장관공서는 일본 통치의 잔재를 청산하기 위해 성립한 지 한 달도 채 되지 않아 '대만성 각현시가도 명칭 개정판법'을 공표했습니다. "일본 인물을 기념하고 일본 국위를 선양하기 위해 일본어로 지었던 거리 명칭은 전부 개정해야 합니다." 개명은 아래 나오는 네 원칙을 따랐습니다.

1. 중화민족 정신을 발양하는 것: 중화루中華路, 신이루信義路, 허핑루和平路 등.
2. 삼민주의(三民主義, 중화민국의 정치적 지도이념)를 선전하는 것: 싼민루三民路, 민취안루民權路, 민쭈루民族路, 민성루民生路 등.
3. 국가의 위대한 인물을 기념하는 것: 중산루中山路, 중정루中正

路 등.

4. 현지 지리나 관습에 적합하고 의미가 있는 것.

이후 상하이 출신 엔지니어 '정딩방'이라는 사람이 중국 지명을 도로명에 활용했습니다. 그는 일단 중국 지도를 타이베이 지도 위에 얹어 중축선을 '중산난베이루'로 맞춘 다음 지도상의 중국 지명을 타이베이 도로에 하나씩 채워 넣었습니다. 이렇게 해서 타이베이의 도로 명칭과 중국의 지리 위치가 거의 완벽하게 맞아떨어질 수 있었습니다.

예를 들면 쑹장루, 지린루는 타이베이시의 동북쪽, 원저우제, 차오저우제는 타이베이시의 남쪽에 위치하고, 타이베이시의 서남쪽에는 시짱루, 청두루, 구이린루가 있었습니다. 만약 타이베이시 거리에 있고 중국 지리에도 익숙하다면, 눈앞에 있는 도로명을 보고 내가 있는 곳이 어디쯤인지 상대적인 위치를 단번에 파악할 수 있을 것입니다.

국공내전이 끝난 1949년에 이르러 대만은 중화민국 정권을 이어가는 명맥이 되었고, 전보다 더 적극적으로 반공의 목소리를 높였습니다. 당시 중화민국은 전통 중국문화를 보존하는 현대 중국 문명의 진정한 대표라고 자부하고, 국민들에게 이렇게 요구했습니다.

"중화민국 국민으로서 우리는 스스로 염황자손(炎黃子孫, 염제와 황제의 자손이라는 뜻으로 한漢민족, 즉 중국인을 의미한다)이라는 사실을 인지해야 한다. 우리는 유구하고 찬란한 문화를 자랑하는 5천년 역사에 나타난 중화민국의 전통 정신을 이해해야 한다. 우리는 우리가 중화민족 부흥의 마지막 희망이라는 것을 믿어야 한다. 그래서 우리는 반드시 국어(國語, 중화민국 표준어)를 사용해야 한다. 국어로 말하는 것이 곧 애국이다!"

그 시절 학교에서는 국어 규찰대를 구성해 학생들이 서로 감시하게 했습니다. 학생이 방언(사투리)으로 말하다 걸리면 벌금 내기, 토끼 뜀, 손바닥 맞기나 '나는 국어를 사랑한다'라고 적힌 팻말을 목에 걸고 사령대(司令臺, 일본 통치 시대의 잔재로 개명 논란이 있는데 개명한 학교도 있고 그대로 둔 학교도 있다. 우리나라 운동장 단상과 비슷하다—옮긴이)에 서 있는 벌을 받았습니다.

교육청은 학생뿐만 아니라 교사들도 솔선수범을 보여야 한다며 엄명을 내렸습니다. "각 초·중·고등학교 교직원은 학교에서 반드시 국어를 사용해야 합니다. 교장은 특히 몸소 모범을 보이고 감독, 지도, 심사하며…. 각 학교 교직원은 학부모 회의에서도 국어를 사용해야 합니다. 회의에 참석한 사람 중 대다수가 국어를 모른다면 방언으로 통역해서 국어를 들을 기회를 주고, 학부모에게 국어 학습의 중요성을 간곡히 설명해야 합니다."

과거에 대만의 모든 학교 천당(穿堂, 앞뒤 정원을 연결시켜 사람들이 다닐 수 있게 한 대청—옮긴이), 사령대, 노트에는 "활기차고 훌륭한 학생이 되자. 떳떳한 중국인이 되자"라는 두 문장이 크게 적혀 있었습니다. 대만 사람들은 중국 역대 왕조를 막힘없이 줄줄 외우고, 심지어 중국 각 성(省)의 철도, 광산, 농작물까지 선명하게 기억합니다. 그 시절 모든 대만인은 거의 다 이 몇 마디를 흥얼거릴 수 있었습니다. "중국은 반드시 강하다. 중국은 반드시 강하다. 민족 영웅 사단장(국민혁명군 부사단장이었던 '사진원'—옮긴이)

을 보라…" "삼민주의를 실행하고 중화민국이 부흥한다! 중화 부흥, 민국 만세! 중화민국 만만세!" 이 노래 뒷부분의 가사는 당시 장제스 총통이 직접 쓴 것이었습니다.

중화 문화는 단순히 도로명 개명이나 정신 개조에만 활용된 것이 아니라 실질적인 민족 융합이라는 성과를 일궈내기도 했습니다. 1945년부터 1950년대까지 대륙에서 대만으로 넘어온 외성인은 약 100만 명이었는데, 1945년 대만 인구가 불과 600만 명 정도였으니 외성인 100만 명이 차지한 비중이 결코 적지 않았습니다. 중국 각지에서 온 외성인은 대만에 오면서 중화 문화도 함께 들여왔습니다. 그중에는 만터우, 수이지아오, 다오샤오멘(도삭면), 사차장(사다장), 충유빙, 쫜차이 바이러우 훠궈(산채백육화과) 등 맛있는 고향 음식들이 포함되었습니다.

이렇게 각 지역의 맛, 즉 남쪽의 단맛, 북쪽의 짠맛, 동쪽의 매운맛, 서쪽의 신맛이 대만으로 대거 넘어왔지만, 정부는 이 다채로운 음식을 자기들이 거주하는 비좁은 쥐안춘(과거 국민당 군인과 그 가족이 살던 마을로 기지촌과 유사하다—옮긴이)에서만 맛볼 수 있게 했습니다. 쥐안춘에서는 각 가정이 주방을 함께 쓰고 돌아가며 서로의 집에서 식사하곤 했습니다. 이들이 오랫동안 같이 지내게 되면서, 중국 전역의 식습관이 서로 영향을 주고받으며 새로운 요리도 대거 탄생했습니다. 대만을 대표하는 국민 음식 뉴러우멘(우육면)을 예로 들면, 홍샤오(고기, 생선, 채소에 설탕과 간장을 넣고 볶다가 물이나 육수를 넣어 걸쭉하게 끓여내는 조리법—옮긴이)로 만드는 것은 상하이 요리법이고, 더우반장(두반장), 화자오(화초), 바자오(팔각)를 사용하는 것은 쓰촨의 마라에 영향을 받은 것이며, 뉴러우몐에 빠지지 않는 쏸차이(절임 배추)는 웨둥(광둥의 별칭) 지역에서 비롯한 것입니다.

"입맛은 못 속인다"라는 것은 인정하지만, 대만의 산둥자오쯔는 산둥 지역의 자오쯔가 아니고 산시몐관도 산시 지역의 몐탸오(국수)가 아니게 된 지 오래지요. 대만의 뉴러우몐이 가장 좋은 예입니다. 식탁에 오르는 국수 한 그릇마다 전후 대만에서 이루어진 이민자 간의 복잡한 상호작용이 녹아 있습니다. 그리고 그 맛은 고향을 그리워하는 정이 아니라 여러 가지 맛이 뒤섞인 대만 고유의 복잡 미묘한 맛입니다.

대만 고유의 노래와 문화

1970년대는 대만 외교사의 최대 암흑기였습니다. 1971년에는 유엔에서 탈퇴했고 1972년에는 일본, 1978년에는 미국과 단교했습니다. '돌아가련다. 세상과 교유를 끊어버리겠노라'(동진 시대 시인 도연명의 작품 「귀거래사」를 인용한 것 ─옮긴이).

이 시기에 대만 사람들은 시선을 국내로 돌리기 시작했고 현지 문제에 주목하며 현지 문화에서 창작의 영감을 받았습니다. 이들은 고유의 춤을 추고 노래를 부르며 자신들의 이야기를 적기 시작했습니다.

대만의 당대 향토 소설가인 황춘밍黃春明은 『사과의 맛蘋果的滋味』이라는 작품을 썼는데 이야기는 대강 이러합니다. 주인공 장아파江阿發와 가족은 가난한 생활을 견디다 못해 북부 지방으로 건너가 생계를 이어갔습니다. 그런데 이곳에서 교통사고를 당하는 불행이 찾아옵니다. 하지만 다행히 아파를 차로 친 사람이 그레이 주대만 미군 대령이었습니다. 그 덕분에 두 다리가 부러진 아파는 새하얗고 반짝이는 미국 병원으로 오게 되었습니다. 치료는 받았지만 불행히도 더 이상 공사 현장으로 돌아가 일할 수 없었습니다. 하지만 뜻밖에 미군 대령이 금전적인 배상도 해주고 사과도 선물하며 아파의 딸을 미국으로 유학 보내주었습니다.

소설에서 자동차 사고라는 비극은 온 가족의 인생이 역전되는 시작점이 되었습니다. 이 소설 속 불행과 행운이 반복되는 전개는 탐스러워 보이지만 막상 깨물어보면 생각보다 달지 않은 사과의 맛과 비슷합니다. 소설은 대만 사회 도시와 농촌의 격차와 계급의 차이를 여실히 보여주며 보잘것없는 사람의 가난한 삶을 탄식하게 만들었습니다. 더욱이 당시 대만과 미국의 관계를 은연중에 풍자합니다. 미국의 대만 정책에 수많은 압박과 불공정이 내포되어 있음에도 사람들은 여전히 자신의 이익을 좇아 미국의 바짓가랑이를 붙들고 무한한 감사를 느꼈던 것이지요.

대만 교원민가(대만에서 1970년대 발전한 대중음악 스타일 — 옮긴이) 운동을 태동시킨 리쌍쩌李雙澤는 대만 사람들에게 "우리 노래를 쓰고 우리 노래를 부르자"라고 호소했습니다. 그가 처음 원주민 가수 후더푸胡德夫를 만났을 때 후더푸는 중산베이루에 있는 콜롬비아 대사관 커피숍에서 노래를 부르고 있었습니다. 그는 주로 서양 노래를 불렀습니다. 당시 리쌍쩌가 후더푸에게 술 한 잔을 따라주며 말했습니다. "듣자 하니 베이난족이라면서요? 베이난족 노래는 없나요? 한 곡 들려주세요!"

후더푸는 마지못해 생각나는 대로 베이난족의 전통 민요 〈아름다운 벼 이삭〉을 베이난어로 불렀습니다. 그는 현장에 그 말을 알아듣는 사람이 아무도 없으니 무대 아래에 적막이 흐를 거라고 생각했습니다. 그런데 노래가 끝나자마자 현장에 있던 관객들은 열화와 같은 박수를 보내며 앙코르를 요청했습니다.

1976년 12월 3일 단장대학교에서 '서양 민요(포크송) 콘서트'가 열렸습니다. 리쌍쩌는 무대에 오르자마자 들고 있던 코카콜라 병을 높이 든 채 관객들에게 큰 소리로 말했습니다. "전 세계 젊은이들이 콜라를 마시고 팝송을 부를 때 우리 노래는 어디에 가 있는지 묻고 싶군요." 이어서 그는 사람들의 시선을 아랑곳하지 않고 코카콜라 병을 냅다 던져 버렸습니다. 그러고는 기타를 치며 〈보파망〉〈항춘지가〉〈우야화〉〈망춘풍〉 등 대만 민요 네 곡을 연속으로 불렀습니다. 무대 아래에서 야유 소리도 더러 들렸지만, 박수소리가 훨씬 더 거셌습니다.

이듬해 리쌍쩌는 단수이 해변에서 물에 빠진 외국인 관광객을

리쌍쩌(왼쪽)와 후더푸(오른쪽) ◆ 리쌍쩌는 대만 대중음악 발전에 기여한 공로를 인정받아 2009년 금종장 심사위원상을 특별 수상했다.

구하려다 28세라는 젊은 나이로 세상을 떠났습니다. 하지만 리쌍쩌가 단장대학교에서 벌인 이벤트가 알려진 후로 캠퍼스에서 민요 운동의 불길이 10년 넘게 활활 타올랐습니다.

1987년 정부가 계엄령을 해제하면서 국어 정책도 점차 느슨해졌습니다. 이듬해 객가인은 '환아모어운동(라디오와 텔레비전 프로그램에서 객가어를 사용할 수 있게 해달라며 벌인 대규모 가두 시위 — 옮긴이)'이라는 시위행진을 벌였습니다. 당시 객가인들은 200대가 넘는 관광버스를 대절했습니다. 수많은 객가인은 본적이 광둥성 상산현인 국부 쑨중산을 명예 총감독으로 삼고 쑨중산 동상을 행렬 맨 앞에 두었는데, 이는 국부가 객가인 자제들을 인솔해 정부에게 항의한다는 의미를 나타냈습니다.

총지휘자는 객가어로 '제고쑨중산선생문'을 크게 읽었습니다. "객가인 후배들이 영전앞에 나와 하늘에 계신 영에게 청하나니, 객가인의 단결과 화목을 지켜주시어 객가어가 영원히 후세에 전해질 수 있게 해주십시오!"

1990년 린창이 민난어로 〈향전주〉를 불렀습니다. "오! 다시 만나자. 오! 아무것도 두렵지 않아." 그는 모국어 가사에 로큰롤을 결합해 외지 젊은이들이 북쪽으로 가서 분투하겠다는 결심, 새 시대를 열기 위해 애쓰는 젊은이들의 용기를 노래했습니다. 계엄이 해제된 지 몇 년 되지 않아 린창은 40만 장 넘게 팔린 민난어 앨범을 만들었고, 〈향전주〉는 제3회 금곡상(중화권 최고 권위의 음악 시상식)에서 올해의 최우수 가요상을 수상했습니다. 확실히 대만이 자신만의 정체성을 찾아가고 있었습니다. 바람의 방향이 바뀌고 있는 것이었지요.

정글 같은 대만의 문화

한국전쟁이 발발한 후 미국의 원조금이 도착하면서 대만은 정치, 경제, 군사적으로 미국에 상당히 의존했습니다. 그러다 보니 자연스럽게 한쪽으로 치우친 친미 문화가 형성되었습니다. 대만에서는 한때 이런 구호가 유행했습니다. "오라, 오라, 대만으로! 가자, 가자, 미국으로!" 미국의 모든 것이 유행이던 시절이었습니다. 1950년대에는 엘비스 프레슬리가 컨트리록을 부르는 모습에 사람들은 열광했습니다. 그리고 지금은 할리우드 영화를 보며 톰크루즈의 목숨을 건 열정적인 공중 액션신에 갈채를 보내지요. 미국 문화는 언제나 대만 유행을 선도하는 지표 중 하나였습니다.

한편, 1990년대 대만에서 일본 문화를 열렬히 숭배하고 좋아하는 집단을 가리키는 '하르쭈哈日族(합일족)'이라는 단어가 등장했습니다. 그 시대 사람들은 어려서부터 일본 만화를 보고 닌텐도 패밀리 컴퓨터로 게임하며 줄을 서서 헬로 키티를 구매하고 일본 드라마에 열광했습니다. 이제 '하르쭈'라는 단어는 이제 역사의 뒤안길로 사라졌지만, 대만에서는 지금도 여전히 어디서나 일본 문화를 느낄 수 있을 만큼 일본 문화를 많이 받아들이고 인정합니다.

2000년 후반은 한류 시대였습니다. 어느 해인가 스카우트 잼버리 공연에 참가하는 열 팀이 전부 슈퍼주니어의 〈쏘리 쏘리〉에 맞춰 춤을 췄고, 몇 년 후에는 방탄소년단의 〈불타오르네〉가 그 영광을 누린 것으로 기억합니다. 케이팝을 듣지 않고 한국 드라마와 한국 예능 프로그램을 보지 않으면 청소년들 대화에 끼기가 어려울 정도이지요.

최근 들어 대만의 새로운 거주민과 외국인 노동자 수가 꾸준히 늘고 있습니다. 그래서 대만의 많은 현과 시에서는 하리라야 아이딜피트리(Hari Raya Aidilfitri, 무슬림의 금식 기간인 라마단이 끝났음을 축하하고 기념하는 날―옮긴이) 행사를 열어 더 많은 대만 사람이 이런 이벤트를 통해 외국인 노동자의 신앙과 문화를 더 깊이 이해하도록 노력하고 있습니다. 각 지역 골목에서도 난양(대개 동남아 지역을 지칭한다―옮긴이) 음식점 간판들이 곳곳에 보이기 시작했습니다. 웨난허펀(베트남 쌀국수), 사디아러우촨(인도네시아식 꼬치 요리), 둥인궁(똠얌꿍) 등은 대만인이 일상에서 자주 먹는 메뉴 선택지 중 하나가 되었습니다.

중화 문화가 현지 문화로 이어지고 다양한 나라에서 비롯한 외래문화가 유입되기까지 대만의 사회문화는 마치 정글과도 같았습니다. 다양한 생물종이 각자의 자태를 뽐내며 상호작용하듯 대만의 문화도 정형화되지 않고 개성을 가득 담은 여러 문화가 모여 독특한 생태계를 형성했기 때문입니다. 다양할수록 북적북적해지고 포용할수록 생기가 넘치는 법입니다. 앞으로도 여러 문화의 다양성을 포용하려고 노력한다면, 그 속에서 성장한 대만 문화도 자신만의 아름다움을 한껏 발산할 수 있을 것입니다.

드디어 시리즈 02

드디어 만나는
대만사 수업

1판 1쇄 발행 2024년 10월 29일
1판 2쇄 발행 2024년 12월 9일

지은이 우이룽
옮긴이 박소정
발행인 박명곤 **CEO** 박지성 **CFO** 김영은
기획편집1팀 채대광, 김준원, 이승미, 김윤아, 백환희, 이상지
기획편집2팀 박일귀, 이은빈, 강민형, 이지은, 박고은
디자인팀 구경표, 유채민, 윤신혜, 임지선
마케팅팀 임우열, 김은지, 전상미, 이호, 최고은

펴낸곳 (주)현대지성
출판등록 제406-2014-000124호
전화 070-7791-2136 **팩스** 0303-3444-2136
주소 서울시 강서구 마곡중앙6로 40, 장흥빌딩 10층
홈페이지 www.hdjisung.com **이메일** support@hdjisung.com
제작처 영신사

ⓒ 현대지성 2024

"Curious and Creative people make Inspiring Contents"
현대지성은 여러분의 의견 하나하나를 소중히 받고 있습니다.
원고 투고, 오탈자 제보, 제휴 제안은 support@hdjisung.com으로 보내주세요.

현대지성 홈페이지

이 책을 만든 사람들
편집 이은빈 **디자인** 유채민